GRAMMATIK
INTENSIVTRAINER A1

Von
Christiane Lemcke und Lutz Rohrmann

Langenscheidt

Berlin · München · Wien · Zürich · New York

Lesen Sie.

Sprechen Sie.

Kreuzen Sie an.

Schreiben Sie.

Markieren Sie.

Ergänzen Sie.

Ordnen Sie zu.

Impressum:
Layoutkonzept: Cornelia Hauser
Illustrationen: Theo Scherling
Umschlagzeichnung: Theo Scherling
Fotos: S. 32: A. Ringer mit freundlicher Genehmigung des Modehauses Konen, München; S. 48 unten: Langenscheidt-Archiv; alle anderen Fotos: L. Rohrmann; Illustrationen S. 2 und 59: Nikola Lainović
Redaktion: Hedwig Miesslinger und Lutz Rohrmann

Satz und Litho: kaltnermedia GmbH, Bobingen
Druck: Mercedes-Druck GmbH, Berlin
Printed in Germany
ISBN 978-3-468-49175-7

3. 4. 5. 6. / 11 10 09 08
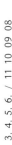

Inhaltsverzeichnis

Es gibt auf der Welt heute
etwa 6500 Sprachen.
Alle Sprachen bestehen
aus **Lauten**.

['halo]

Hallo!

[t ʃ ʏs]

Tschüs!

[guːtn 'taːk]

Guten Tag!

[viː 'geːts]

Wie geht's?

Die Laute bilden **Wörter**.
Alle deutschen Wörter haben einen **Rhythmus**: betonte und unbetonte Silben.
Die betonte Silbe hat den **Wortakzent**.
Der Wortakzent ist immer auf einem Vokal: a, ä, e, i, o, ö, u, ü
Es gibt lange (Buch) und kurze (ich) Vokale.

Buch

lesen

ein

ich

Oskar

heißen

Berlin

Stadt

groß

Deutschland

in

leben

Die Wörter kann man ordnen: **Wortarten**

Namen:	Oskar, Berlin, Deutschland
Nomen:	Buch, Deutschkurs, Liebe, Geld
Artikel:	der, das, die, ein, kein
Verben:	lesen, sprechen, helfen, verdienen
Adjektive:	lang, interessant, schön
Pronomen:	ich, du, mich, dich, mir, dir
Präpositionen:	auf, unter, in, mit, seit
Konjunktionen:	und, aber, denn, oder

Wörter bilden **Gruppen** und **Sätze**:

Gruppen:	ich lese, ein Buch, die Lehrerin, meine Tasche, nach Hause
Sätze:	Ich arbeite bei SAP.

Die Sätze haben einen **Rhythmus** und eine **Melodie**:
Ich arbeite bei SAP. ↘ Arbeiten Sie auch hier? ↗

Sätze kann man ordnen. **Satzarten:**

Aussagesatz:	Ich verdiene 600 Euro im Monat.
W-Frage:	Was arbeitest du?
Ja/Nein-Frage:	Liest du jeden Tag Zeitung?
Imperativsatz:	Hilf mir bitte!

Sätze bilden **Texte**.

Ich heiße Selda. Ich komme aus Tansania. Ich bin seit zwei Jahren in Deutschland. Ich arbeite und lerne Deutsch. Ich bin Verkäuferin und verdiene 980 Euro im Monat. Ich finde meinen Job gut, aber ich habe wenig Freizeit.

1 Aussagesätze

Das sind Aussagesätze:

Position 1	Position 2			Position 1	Position 2	
Ich	heiße	Morton Bartels.				
Ich	wohne	in Görlitz.				
Meine Arbeit	ist	interessant	und	ich	verdiene	gut.
Ich	muss viel	arbeiten,	aber	die Arbeit	macht	mir Spaß.

> In Aussagesätzen fällt die Satzmelodie am Satzende: Ich muss viel <u>ar</u>beiten. ↘
> **Sprechen Sie die Sätze laut.**

1 Was passt zusammen? Ordnen Sie zu und markieren Sie die Verben.

Zur Person

1. Mein Name **ist**   ____   a) 37 Jahre alt.

2. Ich komme   ____   b) bei der Firma Bosch.

3. Ich bin   ____   c) kommt aus Litauen.

4. Ich arbeite   _1_   d) Angela Cardoso.

5. Mein Freund   ____   e) Automechaniker in einer
                                 Werkstatt.

6. Er heißt Ansas   ____   f) seit einem Jahr zusammen.

7. Er arbeitet als ____   g) und er ist 39 Jahre alt.

8. Wir sind   ____   h) aus Portugal.

2 Schreiben Sie die Sätze und markieren Sie die Verben.

Beruf und Freizeit

1. Charmi / arbeitet / bei SAP   *Charmi arbeitet bei SAP.*

2. Programmierer / ist / er   *Er* _____

3. er / schreibt / Programme /   _____
    für die Buchhaltung

4. schwimmt / er / gern /   _____
    und / liest / er / gern

5. er / im Winter / gern / Ski / fährt   _____

6. im Urlaub / nach Kenia / fährt / er   _____

7. dort / seine Familie / besucht / er   _____

8. er / sehr / mag / das Land und die Leute _____

2 W-Fragen

Das sind W-Fragen:

Position 1	Position 2		Position 1	Position 2	
Wie	(heißen)	Sie?	Was	(machen)	Sie gern?
Wie	(geht)	es Ihnen?	Wer	(kommt)	mit ins Kino?
Woher	(kommen)	Sie?	Wie viel Uhr	(ist)	es?
Wohin	(gehst)	du?	Um wie viel Uhr	(beginnt)	der Film?
Wo	(wohnst)	du?	Wann	(hast)	du morgen Zeit?

☺ So wirkt die W-Frage neutral/sachlich: Wie <u>heißt</u> du? ↘

☺ So wirkt die W-Frage sehr freundlich: Wie <u>heißt</u> du? ↗

Sprechen Sie die W-Fragen sehr freundlich.

1 W-Fragen und Antworten – Was passt zusammen?

Zeit und Ort

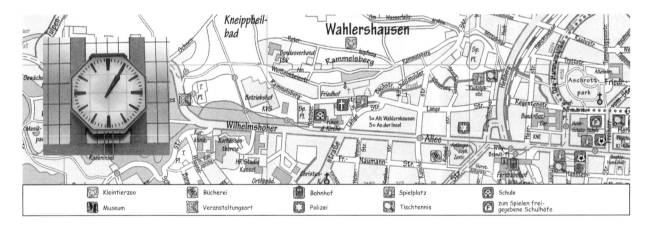

	Kleintierzoo		Bücherei		Bahnhof		Spielplatz		Schule
	Museum		Veranstaltungsort		Polizei		Tischtennis		zum Spielen frei- gegebene Schulhöfe

1. Wie komme ich zum Rathaus? ____ a) Ich geh etwas trinken, komm doch mit.

2. Wann fährst du nach Hause? ____ b) Ich vielleicht. Was ist dein Problem?

3. Wie viel Uhr ist es? ____ c) Am 26. Juli.

4. Wohin gehst du nach dem Kurs? _1_ d) Nehmen Sie den Bus Nr. 54.

5. Wer kann mir helfen? ____ e) Ich glaube, aus Brasilien, aus Rio.

6. Was macht ihr am Wochenende? ____ f) Da drüben ist ein „Italiener". Der ist gut.

7. Woher kommt Teresa? ____ g) Um 23 Uhr 10.

8. Wo gibt es hier Pizza? ____ h) Ungefähr in einer halben Stunde.

9. Um wie viel Uhr kommt dein Zug an? ____ i) Wir fahren nach Köln.

10. Wann beginnen die Sommerferien? ____ j) Es ist kurz vor 10.

2 Welches W-Wort passt?

a   Ergänzen Sie.

1. ___Wie___ heißen Sie?

2. _____ machen Sie am Wochenende?

3. _____ lernst du für den Test? Heute?

4. _____ kann mir helfen? Ich verstehe die Aufgabe nicht.

5. Um _____ Uhr ist Ihr Deutschunterricht zu Ende?

6. _____ kommen Sie?

7. Ich suche so eine Lampe. _____ finde ich so etwas?

8. _____ fährt der Bus?

9. _____ kommen die Mango-Früchte?

10. _____ kosten die Äpfel?

b   Schreiben Sie mögliche Antworten zu 2a.

> 1. Ich heiße ...
> 2. Ich gehe ins Kino.

3 Persönliche Fragen

a   Schreiben Sie die Fragen mit dem passenden W-Wort.

Familie

1. dein Bruder / heißt   _Wie heißt dein Bruder?_

2. deine Schwester / wohnt   _____

3. alt / dein Vater / ist   _____

4. kommt / deine Familie   _____

5. arbeitest / du   _____

6. machst / du / am Sonntag   _____

7. deine Familie / besuchst / du _____

8. Geschwister / hast / du   _____

b   Schreiben Sie mögliche Antworten zu 3a.

> 1. Er heißt ... / Ich habe keinen Bruder.
> 2. Sie ...

3 Ja/Nein-Fragen

Das sind Ja/Nein-Fragen:

Position 1	Position 2			Position 1	Position 2	
Heißen	Sie	Molnar?		Machen	Sie	gern Sport?
Geht	es Ihnen	gut?		Kommt	ihr	mit ins Kino?
Kommen	Sie	aus Togo?		Ist	es	schon acht Uhr?
Gehst	du	jetzt nach Hause?		Beginnt	der Unterricht	heute später?
Wohnst	du	hier in der Nähe?		Hast	du	morgen Zeit?

Ja/Nein-Fragen beginnen mit dem Verb.

Ja/Nein-Fragen spricht man so: Heißen Sie Molnar? ↗

 Schreiben Sie die Ja/Nein-Fragen
und antworten Sie mündlich.

Nein, ich heiße ...

Zur Person: Sie-Form

1. heißen / Sandor / Sie / ?   _Heißen Sie Sandor?_

2. sind / alt / Sie / 35 Jahre / ?   _____

3. wohnen / in Frankfurt / Sie / ?   _____

4. Ihre Telefonnummer / ist / 81237 / ?   _____

5. Deutsch / lernen / Sie / ?   _____

6. kommen / aus Ungarn / Sie / ?   _____

7. gehen / ins Theater / gern / Sie / ?   _____

8. lesen / gerne / Sie / ?   _____

Zur Person: Du-Form

1. gehst / oft / du / in die Stadt / ?   _Gehst du oft in die Stadt?_

2. jeden Tag / du / lernst / ?   _____

3. oft / du / deine Familie / besuchst / ?   _____

4. du / ein Musikinstrument / spielst / ?   _____

5. liest / gern / du / ?   _____

2 Schreiben Sie die Ja/Nein-Fragen zu den Antworten.

1. (Spanisch?) _Sprichst du Spanisch?_ / _Sprechen Sie Spanisch?_ — Nein, ich spreche nur Englisch.

2. (in Köln?) _____ — Ja, ich wohne in Köln.

3. (678913?) _____ — Nein, sie ist 678912.

4. (verheiratet?) _____ — Nein, ich bin nicht verheiratet.

5. (aus China?) _____ — Ja, ich komme aus China.

6. (Tennis?) _____ — Nein, ich spiele Fußball.

7. (kochen/gern?) _____ — Ja, ich koche sehr gern.

8. (Zeit/morgen) _____ — Nein, aber am Freitag.

3 W-Fragen und Ja/Nein-Fragen.
Schreiben Sie die Sätze. Achten Sie auch auf die Groß- und Kleinschreibung.

Lebensmittel einkaufen

1. kostet / der broccoli / wie viel — _Wie viel kostet der Broccoli?_
2. Sie / eier / haben _____
3. die kartoffeln / was / kosten _____
4. woher / die hühner / kommen _____
5. aus frankreich / der käse / ist _____
6. finde / brot / ich / wo _____
7. kann / den käse / probieren / ich _____
8. die äpfel / aus deutschland / sind _____
9. wann / neue kartoffeln / sie / bekommen _____
10. die tomaten / woher / sind _____

4 Imperativsätze

Verbformen im Imperativ S. 45

Das sind Imperativsätze. Das Verb steht immer in Position 1.

Position 1	Position 2	
(Hören)	Sie	viel Radio.
(Hör)		viel Radio.
(Hört)		viel Radio.

Mit Imperativsätzen kann man Bitten, Ratschläge und Befehle formulieren.

> Imperativsätze spricht man so: Geben Sie mir bitte ein Pfund Tomaten. ↘
>
> Lesen Sie die Imperativsätze in Übung 1 laut.

1 Machen Sie aus den Aussagesätzen Imperativsätze.

1. Du hörst die CD.   _Hör die CD._

2. Sie lesen den Text.   _____

3. Ihr ruft im Rathaus an.   _____

4. Sie lernen die Wörter.   _____

5. Du hilfst mir.   _____

6. Ihr kommt morgen zu mir.   _____

7. Du gibst mir den Kuli.   _____

8. Ihr lernt bis morgen die Wörter.   _____

2 Bitten (B), Aufforderungen/Befehle (A), Ratschläge (R) – Was ist was? Notieren Sie.
Es gibt z.T. mehrere Möglichkeiten.

In der Stadt

1. _R_   ● Wie komme ich zum Bahnhof? ○ Fahren Sie hier geradeaus und dann rechts.

2. ____ Halt an, es ist rot!

3. ____ ● Was können wir am Wochenende machen? ○ Geht doch mal in den Zoo.

4. ____ Halt bitte hier an. Ich wohne in dem Haus da drüben.

5. ____ ● Wie komme ich ins Zentrum? ○ Nehmen Sie den Bus Nr. 5. Der fährt direkt.

6. ____ Fahren Sie weiter! Man darf hier nicht halten.

7. ____ ● Ist hier ein Geldautomat in der Nähe? ○ Sehen Sie, da vorne links. Da ist eine Bank.

8. ____ Steigt schnell ein. Der Bus hält hier nicht lang.

3 Schreiben Sie die Imperativsätze. Achten Sie auf die trennbaren Verben.

Trennbare Verben S. 34

Bei der Arbeit: Sie-Form

1. morgen / um 8 Uhr / kommen   *Kommen Sie* _____

2. fahren / in die Heugasse 25 / bitte   _____

3. die Firma Butz / anrufen / bitte   *Rufen Sie* _____

4. zum Chef / kommen / um 11 Uhr / bitte   _____

5. das Formular / ausfüllen   _____

6. Ihre Lohnsteuerkarte / mitbringen / bitte   _____

7. überweisen / das Geld / auf mein Konto   _____

Bei der Arbeit: Du-Form

1. anrufen / bitte / die Personalabteilung   *Ruf bitte die Personalabteilung an.*

2. helfen / bitte / mir / mit dem Formular   _____

3. übersetzen / den Brief / für mich / bitte   _____

4. mitkommen / in die Werkstatt / bitte   _____

5. unterschreiben / das Formular / bitte   _____

6. gehen / mit dem Kollegen / zum Arzt / bitte _____

4 Eine Notiz – Ergänzen Sie die Imperativformen.

Zu Hause

anrufen · einkaufen · legen · ausmachen · anmachen

Hallo, Olav,

ich muss heute länger arbeiten. Ich habe noch nichts eingekauft. *Kauf* bitte etwas Wurst und

etwas Käse *ein* (1). Ich hab die Waschmaschine angestellt. _____ sie bitte _____ (2) und

_____ (3) die Wäsche in den Wäschetrockner. Die Spülmaschine ist voll. _____ sie bitte

_____ (4). Tina war da. Sie will mit dir sprechen. _____ sie bitte _____ (5). Es ist wichtig.

Gruß
Rainer

5 Zusammenfassung: Fragesätze, Aussagesätze, Imperativsätze

Bei der Arbeitsvermittlung

1 Ergänzen Sie das Gespräch.

anrufen • arbeiten • ausfüllen • bin • brauchen •
er • haben • haben • haben • haben • ich • ich •
ich • kann • kann • kommen • leben • nein • nein •
set̶zen • sind • verdienen • verdient • vielen • wie •
wie • wie • Wiedersehen • wo • wohnen

● Guten Tag, mein Name ist Eduard Siegloch.
  Setzen Sie sich, bitte.

○ Danke.

● _____ ist Ihr Name?

○ _____ heiße Irina Sotnikova.

● _____ alt sind Sie, Frau Sotnikova?

○ Ich _____ 25.

● _____ Sie aus Russland?

○ _____ , aus der Ukraine.

● _____ Sie schon lange in Deutschland?

○ _____ lebe seit 10 Jahren hier.

● _____ Sie verheiratet?

○ Ja.

● _____ Sie Kinder?

○ Einen Sohn. _____ ist 4.

● _____ Sie eine Berufsausbildung?

○ _____ habe als Friseurin gearbeitet,
  aber ich habe keine Ausbildung.

● _____ Sie hier in Ludwigshafen?

○ _____ , ich wohne in Freinsheim.

● _____ liegt das?

○ Das ist 20 km von hier, in der Pfalz.

● Was für eine Stelle suchen Sie?

○ _____ Sie etwas als Friseurin?

● Als Friseurin _____ Sie eine Ausbildung.

○ _____ lange dauert das?

● Drei Jahre.

○ _____ man da Geld?

● Ja, etwa 280 Euro.

○ Das geht nicht. Ich muss Geld _____ .
  _____ ich als Verkäuferin arbeiten?

● Zurzeit habe ich leider nichts. _____
  Sie auch als Putzhilfe?

○ Ich habe Probleme mit dem Rücken.

● _____ Sie bitte das Formular hier
  _____ und _____ Sie mich
  nächste Woche noch mal _____ .
  _____ Sie eine E-Mail-Adresse?

○ Ja, isotnikova@zdx.de.

● Das ist gut, dann _____ ich Ihnen
  Angebote per E-Mail schicken.

○ _____ Dank! Auf _____ , Herr
  Siegloch.

● Auf Wiedersehen, Frau Sotnikova.

6 Die Satzklammer bei trennbaren Verben

Trennbare Verben S. 34, Satzklammer beim Perfekt S. 16

Das nennen wir Satzklammer:

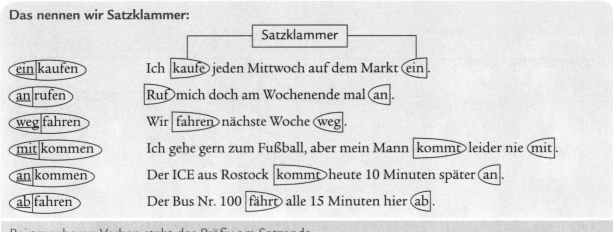

Bei trennbaren Verben steht das Präfix am Satzende.

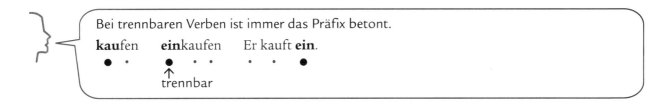

1 Sprechen Sie die Verben laut. Welche Verben sind trennbar, welche nicht?

einkaufen – verkaufen – anmachen – bestellen – besuchen – mitbringen – empfehlen – einsteigen – erklären – erlauben – mitkommen – mitbringen – umziehen – übernachten – aufschreiben – unterschreiben – untersuchen – vermieten – (sich) vorstellen – wiederholen – zuordnen – zuhören – zumachen

2 Trennbare Verben – Schreiben Sie die Sätze.

1. einkaufen / ich / noch ein Brot / .   *Ich kaufe noch ein Brot ein.*

2. einkaufen / du / auch noch etwas Wurst / ?   _____

3. mitbringen / bitte / mir / ein Kilo Äpfel / !   _____

4. anrufen / ich / dich / heute Abend / .   _____

5. anmachen / bitte / das Licht / !   _____

6. zumachen / bitte / das Fenster / !   _____

7. umziehen / wir / im Mai / .   _____

8. zuhören / Sie / bitte / genau / !   _____

9. zuordnen / Sie / bitte / die Sätze / .   _____

10. aufschreiben / du / das Beispiel / ?   _____

Modalverben S. 37

So sieht die Satzklammer bei Modalverben aus:

	Modalverb (konjugiert)		Verb (Infinitiv)
● Wann	kannst	du mir beim Putzen	helfen?
○ Morgen	will	ich meine Mutter	besuchen.

In Aussagesätzen und W-Fragen steht das konjugierte Modalverb auf Position 2.
Das Verb im Infinitiv steht am Satzende.

1 Schreiben Sie die Sätze.

1. müssen / ich / oft / arbeiten / am Wochenende / .

   Ich muss _____

2. können / wann / du / mich / besuchen / ?

   _____

3. dürfen / ich / Sie / anrufen / heute Abend / ?

   _____

4. wollen / wir / fahren / nach Berlin / in den Ferien / .

   _____

5. müssen / anfangen / Sie / Ihre Arbeit / pünktlich / !

   _____

6. können / anfangen / Sie / bei Gleitzeit / zwischen 7 und 9 / .

   _____

7. wollen / Sara / ab Mai / arbeiten / nur noch 20 Stunden / .

   _____

8. dürfen / ich / morgen / kommen / eine Stunde später / ?

   _____

2 Fehlersuche – In diesem Text stehen fünf Modalverben oder Verben falsch. Markieren Sie sie und korrigieren Sie den Text.

In Deutschland müssen arbeiten die meisten Arbeitnehmer und Arbeitnehmerinnen zwischen 35 und 40 Stunden. Das eine Vollzeitstelle ist. Man kann aber auch Teilzeit arbeiten. Viele Menschen nicht die ganze Woche wollen arbeiten. Sie arbeiten dann vielleicht nur an drei Tagen. In anderen Berufen man kann vor allem im Sommer viel arbeiten und darf dann im Winter zu Hause bleiben oder nach Mallorca fliegen. Viele Menschen wollen auch mehr arbeiten, aber gibt es nicht genug Arbeitsplätze.

8 Satzklammer beim Perfekt

Verben im Perfekt S. 40

So sieht die Satzklammer beim Perfekt aus:

	haben/sein (konjugiert)		Verb (Partizip II)
● Warum	bist	du gestern nicht	gekommen?
○ Ich ᛫	habe	bis 20 Uhr	gearbeitet.

In Aussagesätzen und W-Fragen stehen *haben* oder *sein* auf Position 2.
Das Verb im Partizip II steht am Satzende.

1 Schreiben Sie die Sätze im Perfekt.

Tagesablauf

1. Mein Wecker klingelt um 7 Uhr. (hat / geklingelt / 6 Uhr)
   Gestern hat mein Wecker um 6 Uhr geklingelt.

2. Ich stehe um 7 Uhr 15 auf. (bin / aufgestanden / 6 Uhr 15)
   Gestern bin

3. Ich frühstücke von halb 8 bis 8 Uhr. (habe / gefrühstückt / halb 7 bis 7)
   Gestern habe

4. Ich nehme den Bus um Viertel nach 8. (habe / genommen / Viertel nach 7)
   Gestern

5. Ich komme um Viertel vor 9 in der Sprachschule an. (bin / angekommen / Viertel vor 8)
   Gestern

6. Der Unterricht beginnt um 9. (hat / begonnen / auch um 9)
   Gestern

7. Ich bin immer pünktlich da. (habe / gewartet / 1 Stunde)
   Gestern habe ich

8. Ich bin immer glücklich. (habe / mich geärgert)
   Gestern

9 Zusammenfassung: Satzklammer bei trennbaren Verben, Modalverben und beim Perfekt

1 Was passt zusammen?

In der Firma

1. Frau Wenkums, können Sie	____ a) die Firma Rusch & Töchter angerufen?
2. Bitte bringen Sie	____ b) die Formulare mit.
3. Haben Sie schon	____ c) hier um 6 Uhr 30 an.
4. Ich rufe Herrn Wertenschlag	____ d) in der Firma sein?
5. Wann können Sie morgen	____ e) schon um 5 Uhr aufstehen.
6. Der erste Bus kommt	_1_ f) um 11 Uhr zu Dr. Müller kommen?
7. Dann müssen Sie ja	____ g) um 10 Uhr an.
8. Ich bin heute auch	____ h) um 5 Uhr aufgestanden.

2 Schreiben Sie die Sätze. Markieren Sie die Verben oder Verbteile.

1. schreiben / müssen / ich / den Brief / an die Firma Rusch & Töchter / .
   Ich **muss** den Brief an die Firma Rusch & Töchter **schreiben**.

2. haben / ausfüllen / gestern / du / die Formulare / ?
   _____

3. wollen / ich / morgen / freinehmen / einen Tag / .
   _____

4. können / bitte / Sie / im Rathaus / anrufen / ?
   _____

5. zu sein / das Rathaus / am Mittwochnachmittag / .
   _____

6. haben / arbeiten / wie lange / Sie / als Sekretärin / ?
   _____

7. müssen / sprechen / ich / mit dem Chef / über meinen Urlaub / .
   _____

8. haben / haben / du / in diesem Jahr / schon Urlaub / ?
   _____

10 Verneinung mit *nicht*

Die Verneinung *nicht* steht immer nach dem konjugierten Verb und nach der Akkusativergänzung oder Zeitangabe, aber vor der Ortsangabe.

Ich heiße Mario.	Ich heiße **nicht** Mario.
Wir laden unsere Lehrerin zum Essen ein.	Wir laden unsere Lehrerin **nicht** zum Essen ein.
Ich wohne in Hoyerswerda.	Ich wohne **nicht** in Hoyerswerda.
Er will nach Frankreich fahren.	Er will **nicht** nach Frankreich fahren.
Ich komme morgen zu dir.	Ich komme morgen **nicht** zu dir.

1 Schreiben Sie die Sätze mit *nicht*. Was sind die richtigen Informationen?

Deutschlandkunde

1. Berlin liegt am Rhein.

   Berlin liegt nicht am Rhein. Es liegt an der Spree.

2. Hamburg liegt an der Nordsee.

   _____

3. Das deutsche Geld heißt Mark.

   _____

4. München ist die Hauptstadt von Sachsen.

   _____

5. Man darf auf allen Autobahnen 200 Stundenkilometer fahren.

   _____

6. Der Bodensee liegt in Norddeutschland.

   _____

1. die Spree 2. die Elbe (± 100 km von der Nordsee weg) 3. Euro 4. Bayern (Sachsen = Dresden) 5. oft nur 120 bis 130 km/h 6. Süddeutschland

2 Ergänzen Sie die Verneinung (*nicht*) an der richtigen Stelle.

1. Ayhan ___X___ bezahlt ___X___ die Rechnung _*nicht*_ .

2. Ich _____ habe _____ das Buch _____ gelesen.

3. Rafik _____ hat _____ seinen Kuli _____ gefunden.

4. Maria und Sebastian _____ treffen _____ sich _____ im Cafe.

5. Erhan _____ hat _____ das Auto _____ repariert.

6. Samira _____ will _____ das Formular _____ unterschreiben.

7. Das Fest _____ beginnt _____ um 19 Uhr.

8. Bitte schließen Sie _____ die Tür _____ ab.

11 Verneinung mit *kein/keine*

kein S. 54, Nominativ/Akkusativ S. 51

kein **verneint das Nomen.**

kein **hat die gleichen Endungen wie** *ein*.

Ist das ein Kuli / ein Heft / eine Tasche?	Nein, das ist **kein** Kuli, **kein** Heft, **keine** Tasche.
Hast du einen Kuli / ein Heft / eine Tasche?	Nein, ich habe **kein**en Kuli / **kein** Heft / **keine** Tasche.
Hast du Geschwister?	Nein, ich habe **keine** Geschwister.

1 Du fragst mich und ich sage „Nein"! – Schreiben Sie die Sätze.

1. Hast du ein Fahrrad?

   Nein, ich habe kein Fahrrad.

2. Hast du eine Monatskarte für die Straßenbahn?

   Nein,

3. Hast du mir Blumen mitgebracht?

   Nein,

4. Hast du dir einen Rock gekauft?

   Nein,

5. Willst du ein Eis?

   Nein,

6. Magst du Pommes frites?

   Nein,

7. Magst du Tomaten?

   Nein,

8. Hast du Freunde in Berlin?

   Nein,

9. Sprichst du Chinesisch?

   Nein,

10. Verstehst du Bairisch?

    Nein,

11. Liest du Romane auf Deutsch?

    Nein,

12. Schreibst du mir eine Postkarte aus den Ferien?

    Nein,

12 Zusammenfassung: *nicht, kein*

1 *nicht* oder *kein* – Was passt? Markieren Sie.

1. ● **Heißen** Sie kein/nicht Tatjana?

   ○ Nein, ich **heiße** kein/nicht Tatjana, ich bin Swetlana.

2. ● **Sind** Sie nicht/kein aus der Ukraine?

   ○ Nein ich bin keine/nicht **Ukrainerin**, ich bin aus Polen.

3. ● **Arbeiten** Sie nicht/kein bei Edeka?

   ○ Nein, ich habe zurzeit nicht/keinen **Job**.

4. ● Die Äpfel sind gut. Möchtest du sie nicht/keine **kaufen**?

   ○ Nein, ich will nicht/keine **Äpfel** kaufen, aber Bananen.

5. ● Haben wir keine/nicht **Bananen** zu Hause?

   ○ Nein, ich **glaube** nicht/keine.

6. ● Magst du keine/nicht **Äpfel**?

   ○ Doch, aber ich will jetzt keine/nicht **Äpfel** kaufen.

2 Schreiben Sie die verneinten Sätze.

1. Ich **heiße** Susan Kaufmann.   *Ich heiße nicht Susan Kaufmann.*

2. Ich **wohne** in Mainz.   _____

3. Ich habe ein **Mobiltelefon**.   _____

4. Herr Paulsen **ist** da.   _____

5. Er hat von 10 bis 12 Uhr **Zeit**.   _____

6. Sie **können** Prof. Bunk heute **sprechen**.   _____

7. Er hat heute **Sprechstunde**.   _____

8. Morgen **ist** er da.   _____

13 Fragen mit *nicht* oder *kein* – Antworten mit *ja, nein* oder *doch*

Wiederholung: Ja/Nein-Fragen:

Lernst du gern Deutsch?	(–)	Nein, nicht so gern.
	(+)	Ja, klar.

So funktionieren die Antworten auf Fragen mit *kein* oder *nicht*:

Lernst du **nicht** gern Deutsch?	(–)	Nein, ich finde das sehr schwer.
	(+)	**Doch**, es macht mir richtig Spaß.
Hast du **kein** Fahrrad?	(–)	Nein, ich fahre immer mit dem Bus.
	(+)	**Doch**, ich komme immer mit dem Fahrrad zum Unterricht.

1 Ja/Nein-Fragen positiv oder verneint – Schreiben Sie die Fragen und die Antworten.

Essen und trinken

1. Hast du / gekauft / keine Milch / ? +/ ich / Milch / habe / gekauft / .
   ● *Hast du keine Milch gekauft?* ○ *Doch ich habe Milch gekauft.*

2. Magst du / Bratwurst / ? – / ich / kein Schweinefleisch / essen / .

3. Sie / essen / gerne Schweinbraten / nicht / ? – / ich / nur vegetarisch / essen / .

4. einkaufen / ihr / noch Wurst und Käse / ? + / wir / nachher /gehen / zum Supermarkt / .

5. essen / ihr / gerne Pizza / nicht / ? + / nur Pizza mit Salami / aber / .

6. Sie / mögen / keine Currywurst / ? – / ich / essen / kein Fleisch / .

7. mitkommen / ihr / zum Essen / nicht / ? – / wir / noch lernen / müssen / .

8. trinken / du / keinen Wein / ? + / ich / trinken / Weißwein / manchmal / .

9. essen / Sie / am Mittag / nicht / ? + / ich / essen / meistens / einen Apfel / .

10. essen / du / abends / warm / ? + / ich / kochen / gern / .

14 Satzverbindungen mit *und, oder, aber, denn*

Die Konjunktionen *und, oder, aber, denn* verbinden Hauptsätze.

So funktionieren Satzverbindungen mit *und, oder, aber, denn*:

Position 1	Position 2			Position 1	Position 2	
Mein Name	(ist)	Irina Paster.		Ich	(komme)	aus St. Petersburg.
Mein Name	(ist)	Irina Paster	und	ich	(komme)	aus St. Petersburg.
Ich	(besuche)	dich morgen.		Du	(kommst)	am Wochenende zu mir.
Ich	(besuche)	dich morgen	oder	du	(kommst)	am Wochenende zu mir.

Im 1. und im 2. Satz steht das Verb auf Position 2.
Die Konjunktion steht zwischen den Sätzen.

> Machen Sie bei längeren Sätzen Pausen (|) vor *und, oder, aber, denn*.
> Die Satzmelodie bleibt gleich (→).
> Ich möchte ein Stück Kuchen | → und ich hätte gern eine Tasse Kaffee. ↘
> **Sprechen Sie die Sätze in Übung 1 laut.**

1 Welche Konjunktion passt? Markieren Sie.

Essen und trinken

1. Ich möchte ein Stück Kuchen und/oder/aber ich nehme eine Tasse Kaffee, bitte.
2. Wir können Nudeln essen, und/oder/aber ich kann auch Gemüse kochen.
3. Ich koche gern, aber/oder/denn ich wasche nicht gern ab.
4. Ich koche heute, denn/aber/oder dann möchte ich nicht die Küche sauber machen.
5. Indira isst kein Fleisch, denn/oder/und sie ist Vegetarierin.
6. Mein Freund trinkt keinen Alkohol, denn/oder/aber er ist Moslem.

2 Schreiben Sie die Sätze.

1. Ich / eine neue Stelle / habe – erst in zwei Monaten / ich kann / anfangen – aber

_____

2. wird frei / Die Stelle – eine Kollegin / ein Kind / bekommt – denn

_____

3. morgens um 7 Uhr / Sie müssen / im Betrieb sein – bis 16 Uhr / geht / Ihre Arbeitszeit – und

_____

4. im April / Sie können / nicht in Urlaub gehen – alle Arbeitskräfte / wir brauchen – denn

_____

5. können Sie / anfangen / Bei Gleitzeit / morgens um 7 – erst um 9 kommen / Sie können – oder

_____

Alle Verben brauchen ein Subjekt.

Subjekt	Verb		Frage
Peter	liest.		**Wer** liest?
Das Buch	ist	interessant.	**Was** ist interessant?

Viele Verben brauchen eine Ergänzung. Dann ist der Satz vollständig.

Der Flug dauert [?]	Der Flug dauert **eine Stunde**.	Temporal-Ergänzung
Frau Braun ist [?]	Frau Braun ist **Verkäuferin**.	Nominativ-Ergänzung
Peter besucht [?]	Peter besucht **seinen Freund**.	Akkusativ-Ergänzung

Die Verben *sein* und *heißen* haben eine Nominativ-Ergänzung.

Subjekt (Wer/Was?)	Verb	Nominativ-Ergänzung (Wer/Was?)	Frage
Frau Braun	ist	**Verkäuferin.**	**Was** ist Frau Braun?
Die Verkäuferin	heißt	**Frau Braun.**	**Wie** heißt die Verkäuferin?

Die meisten Verben haben eine Akkusativ-Ergänzung (S. 51).

Subjekt (Wer/Was?)	Verb	Akkusativ-Ergänzung (Wen/Was?)	Frage
Peter	besucht	**seinen Freund.**	**Wen** besucht Peter?
Er	liest	**ein Buch.**	**Was** liest er?

Einige Verben haben eine Dativ-Ergänzung (S. 57).

Subjekt (Wer/Was?)	Verb	Dativ-Ergänzung (Wem?)	Frage
Ich	danke	**dir.**	**Wem** danke ich?
Der Kuli	gehört	**mir.**	**Wem** gehört der Kuli?

Es gibt häufig noch weitere Ergänzungen: temporal, modal oder lokal.

Subjekt (Wer/Was?)	Verb	temporal (Wann? Wie lange?)	modal (Wie?)	lokal (Wo/Woher/Wohin?)
Frau Braun	wohnt			**in Bonn.**
Der Zug	fährt		**sehr schnell.**	
Der Flug	dauert	**eine Stunde.**		

1 Subjekt – Verb – Ergänzungen: Schreiben Sie die Satzteile in die Tabelle.

1. Rudi ist Verkäufer. 2. Frau Goll möchte einen Rock. 3. Hosni kommt aus Tunesien.
4. Unser Lehrer heißt Herr Lehmann. 5. Wir nehmen Currywurst und Pommes.
6. Erhan bezahlt die Rechnung. 7. Die Straßenbahn kommt um 12 Uhr 53.

Subjekt	Verb	Ergänzungen			
		Nominativ	Akkusativ	temporal	lokal
Rudi	ist	Verkäufer.	X	X	X

2 Verb – Subjekt – Verb – Ergänzungen: Schreiben Sie die Satzteile in die Tabelle.

1 Möchtest du ein Brötchen? 2. Ich habe ein Problem. 3. Geht ihr in den Park? 4. Mein Arzt heißt Dr. Schubert. 5. Tom holt die Bücher. 6. Der 1. Mai ist ein Sonntag.

Verb	Subjekt	Verb	Ergänzungen		
			Nominativ	Akkusativ	lokal/temporal
Möchtest	du	X	X		X
X	Ich				

3 Subjekt – Verb – Ergänzungen – Verb: Schreiben Sie die Satzteile in die Tabelle.

1. Maria hat einen Kaffee getrunken. 2. Lucia schreibt die Adresse auf. 3. Der Kurs fängt um 9 Uhr an. 4. Mustafa kommt aus Tanger. 5. Der Mantel gehört Hosni. 6. Der Park hat um 21 Uhr zugemacht.

Subjekt	Verb/Verbteil	Ergänzungen			Verb/Verbteil
		Akkusativ	Dativ	lokal/temporal	
Maria					

16 Verben – Konjugation im Präsens (regelmäßig)

Das sind Verben:	heißen, arbeiten, sprechen, mögen, wollen, sein, haben …	
Verben haben einen **Verbstamm** und eine **Personalendung**	ich **lerne** du lern**st** ihr lern**t**	
Es gibt regelmäßige Verben und unregelmäßige Verben.	ich arbeite, sie arbeitet, ich lerne, sie lernt ich spreche, sie spricht, ich lese, sie liest	

Regelmäßige Verben

Infinitiv:		lernen	antworten	reisen	(möchten)
Singular:	ich	lerne	antworte	reise	möchte
	du	lernst	antwortest	reist	möchtest
	er/es/sie	lernt	antwortet	reist	möchte
Plural:	wir	lernen	antworten	reisen	möchten
	ihr	lernt	antwortet	reist	möchtet
	sie	lernen	antworten	reisen	möchten
Formell (Sg./Pl.)	Sie	lernen	antworten	reisen	möchten
Ebenso:		machen	arbeiten	tanzen	
		hören	kosten		
		wohnen			
		kochen			

Die meisten Verben haben die Endungen wie bei *lernen*.

1 Welche Personalpronomen passen? Ergänzen Sie.

1. _du_ trinkst
2. _er/es/sie/ihr_ telefoniert
3. ____ arbeite
4. __/ /__ kommen
5. ____ heiße
6. ____ wohnst
7. ____ lernst
8. ____ zahlst
9. ____ gehst
10. __/ / /__ duscht

11. ____ frühstücke
12. __/ /__ kochen
13. __/ /__ holen
14. __/ / /__ verkauft
15. ____ schreibe
16. __/ /__ gratulieren
17. __/ / /__ druckt
18. ____ spielst
19. __/ /__ verstehen

20. ____ wohne
21. ____ wiederholst
22. __/ /__ studieren
23. __/ / /__ repariert
24. ____ bezahle
25. ____ hole
26. ____ höre
27. __/ /__ machen
28. __/ / /__ spielt

2 Ergänzen Sie die Verben.

Der Kurs beginnt

1. ● Wo _____ du? (wohnen)

   ○ Ich _____ in der Kantstraße. (wohnen)

2. ● Wie _____ Sie? (heißen)

   ○ Ich _____ Furkan. (heißen)

   ● Bitte _____ Sie. (buchstabieren)

3. ● Woher _____ ihr? (kommen)

   ○ Wir _____ aus der Türkei. (kommen)

4. ● Was _____ ihr in Deutschland? (machen)

   ○ Wir _____ studieren. (möchten)

Im Supermarkt

1. ● Entschuldigung, wo _____ ich Zwiebeln? (finden)

   ○ _____ Sie hier geradeaus und dort auf der rechten Seite. (gehen)

2. ● _____ wir auch Joghurt? (brauchen)

   ○ Ja, ich _____ Joghurt für den Salat. (brauchen)

3. ● Was _____ du? (suchen)

   ○ Ich _____ Marmelade und Öl. (suchen)

   ● Die Marmelade _____ dahinten. (stehen)

   Da vorne _____ du das Öl. (finden)

4. ● Was _____ das Brot? (kosten)

   ○ 2 Euro. Die Brötchen sind im Angebot.

   Sie _____ nur 15 Cent. (kosten)

Am Morgen zu Hause

1. ● Was _____ (machen) du morgens zuerst? _____ (kochen) du zuerst Kaffee

   oder _____ (duschen) du zuerst?

   ○ Zuerst _____ ich (duschen) und dann _____ (kochen) ich Kaffee. Dann

   _____ (holen) ich die Zeitung und _____ (bringen) Birgit eine Tasse Kaffee

   ans Bett. Und dann _____ (machen) ich Frühstück.

2. ● Wann _____ (gehen) eure Kinder morgens aus dem Haus?

   ○ Die Schule _____ (beginnen) um 7 Uhr 50. Um 7 Uhr 20 _____ (kommen)

   Peter und Till. Ilona _____ (gehen) meistens kurz nach halb sieben los.

3. ● _____ (frühstücken) ihr zusammen?

   ○ Nicht immer. Heinz und ich _____ (frühstücken) immer zusammen. Holger

   _____ morgens nur eine Tasse Tee (trinken) und Ilona _____

   (frühstücken) oft ganz schnell. Sie _____ (brauchen) immer lange in der Dusche.

3 Welches Verb passt wo? Ergänzen Sie.

Essen und trinken

kochen • machen • schmecken • probieren • empfehlen • besuchen • kochen

1. Sonntags _____ ich immer meine Eltern zum Kaffeetrinken.

2. ● Welchen Kuchen _____ du mir zum Kaffee?

   ○ Der Käsekuchen _____ super!

3. ● Ich _____ für heute Abend einen Salat.

   ○ Gut, dann _____ ich eine Lasagne.

4. _____ ihr mal die Suppe? Ist sie o.k.?

5. Wir _____ abends nie. Es gibt meistens Brot mit Wurst oder Käse.

Im Kaufhaus

arbeiten • kaufen • kosten • stellen • bezahlen • kaufen • suchen • brauchen

1. Was _____ der Anzug?

2. Ich _____ am liebsten Jeans.

3. Frau Schmidt _____ für Holger eine Mütze.

4. Erhan und Peter _____ als Verkäufer.

5. Ihr _____ gute Schuhe zum Wandern.

6. _____ Sie die Schuhe bitte wieder ins Regal.

7. Wir _____ eine Hose für meinen Sohn.

8. Bitte _____ Sie an der Kasse.

Im Internetcafé

arbeiten • benutzen • benutzen • erklären • glauben • legen • schließen • schreiben • sein • suchen

1. _____ Sie oft das Internet?

2. Ich _____ nur E-Mails an meine Familie.

3. _____ Sie bitte hier die CD in den Computer.

4. _____ Sie mir das bitte, ich verstehe das nicht.

5. Ich _____ meinen Freund. Er _____

   hier als Kellner.

6. Wann _____ Sie das Internetcafé? Um 23 Uhr?

7. Wir _____ den Computer fast jeden Tag.

8. Ich _____ , mein Drucker _____ kaputt.

17 Verben – Konjugation im Präsens mit Vokalwechsel (unregelmäßig)

		e>i	e>ie	a>ä	i>ei	au>äu
Infinitiv:		essen	lesen	fahren	wissen	laufen
Singular:	ich	esse	lese	fahre	weiß ⚠	laufe
	du	isst	liest	fährst	weißt	läufst
	er/es/sie	isst	liest	fährt	weiß	läuft
Plural:	wir	essen	lesen	fahren	wissen	laufen
	ihr	esst	lest	fahrt	wisst	lauft
	sie	essen	lesen	fahren	wissen	laufen
Formell Sg./Pl.	Sie	essen	lesen	fahren	wissen	laufen
Ebenso:		(ab)geben	(aus)sehen	(ein)laden		
		sprechen	fernsehen	gefallen		
		(mit)nehmen		halten		
		treffen		schlafen		
		helfen		waschen		

Unregelmäßige Verben haben meistens einen Vokalwechsel in der 2. und 3. Person Singular.

Sie sprechen Vokale lang oder kurz.

Beispiele

lang —
Vokal + h — fahren – du fährst, wohnen – sie wohnt
Vokal + Vokal — du liegst, er sieht, fliegen
Vokal + ein Konsonant — lesen – du liest, holen – du holst

kurz •
Vokal + mehr als ein Konsonant: — essen, du isst, sprechen

⚠ Einige Pronomen/Präpositionen/Adverbien spricht man kurz: *es, in, an, weg-*

Lesen Sie die Konjugationen in Übung 1 laut.

1 Unregelmäßige Verben in A1– Ergänzen Sie die Formen.

Infinitiv	ich	du	er/es/sie	wir	ihr	sie/Sie
fahren	fahre		fährt			
essen	esse					
geben	gebe					
helfen	helfe					
lesen	lese					
nehmen	nehme					
schlafen	schlafe					
sehen	sehe					
sprechen	spreche					
tragen	trage					
waschen	wasche					

2 Ersetzen Sie das Verb. Schreiben Sie wie im Beispiel.

1. Schreibst du einen Text? (lesen)   _Liest du einen Text?_

2. Sie macht immer die Hausaufgaben. (vergessen) _____

3. Geht Paul zur Arbeit? (fahren) _____

4. Arbeitest du in der Mittagspause? (schlafen) _____

5. Steht der Bus am Jahnplatz? (halten) _____

6. Er kauft Brot und Schinken. (essen) _____

7. Hol mir bitte den Salat. (geben) _____

8. Der Kellner bringt das Menü. (empfehlen) _____

3 Ergänzen Sie die Verben.

1. Ich esse am liebsten Tomatensalat. Was _esst_ ihr am liebsten?

2. Ich empfehle euch den italienischen Salat. Was _____ ihr mir?

3. Ich nehme den Tee gern mit Zucker. Was _____ du in den Tee?

4. Ich wasche meine Strümpfe immer mit der Hand. Wie _____ du deine Strümpfe?

5. Abends lese ich immer Zeitung. Wann _____ du Zeitung?

6. Wir schlafen immer in der Mittagspause. _____ du mittags auch?

7. Hosni und Erhan sprechen Französisch und Arabisch. Was _____ du?

8. Ich mache wenig Sport. Ich laufe manchmal. _____ du auch?

4 Regelmäßige und unregelmäßige Verben – Ergänzen Sie den Vokal / die Vokale.

1. ● Bitte spr—chen Sie laut. Ich verst—he Sie nicht.

   ○ Dann m—chen Sie doch die Musik leiser.

2. ● Spr—chst du auch Französisch?

   ○ Ja, ich spr—che Französisch und Spanisch.

3. ● N—hmt ihr Milch und Zucker?

   ○ Danke, ich n—hme nur Milch.

4. ● Es ist 11 Uhr. Schl—ft ihr immer so lange?

   ○ Ja, Peter schl—ft gern bis mittags. Ich schl—fe nur am Wochenende lange.

5. ● Wann tr—ffst du Klaus?

   ○ Er k—mmt um 19 Uhr.

6. ● Kannst du den Film empf—hlen?

   ○ Ja, aber es g—bt keine Karten mehr.

7. ● Was m—cht ihr am Sonntagabend?

   ○ Klaus s—ht meistens fern und ich l—se, manchmal k—mmen auch Freunde und wir

   sp—len Karten.

5 Welches Verb passt? Ergänzen Sie.

Beim Umzug

mieten • heißen • helfen • besuchen • lesen • suchen

1. _____ du immer noch eine Wohnung?

2. _____ du auch die Anzeigen in der Zeitung?

3. _____ euch Tom beim Umzug?

4. Wie _____ der Vermieter?

5. Wir _____ euch nächste Woche nach dem Umzug.

6. _____ ihr ein Auto für den Umzug? Das kostet nicht viel.

kommen • geben • beginnen • helfen • tragen • wissen • treffen

7. Klaus, bitte _____ mir. Der Schrank ist so schwer.

8. Klaus und Tom, _____ ihr bitte die Waschmaschine?

9. ● Wann _____ du deine Nachbarn? Heute?

   ○ Ich _____ es nicht. Aber vielleicht _____ sie auch zum Fest.

10. ● Wann _____ das Fest?

11. ○ Um 18 Uhr. Es _____ Salate und Brot und eine Suppe.

6 Ergänzen Sie die Verben.

Arbeit und Freizeit

Frau Harmes ———— 35 Jahre alt und ————————— als	sein / arbeiten
Taxifahrerin in München. Das ————————— sie seit 15 Jahren und	machen
sie steigt auch heute noch jeden Morgen gern ins Auto. Sie —————————	fahren
6 Stunden am Tag. Sie ————————— den Beruf sehr interessant. Jeder	finden
Tag ———— anders und sie ————————— viele verschiedene Menschen	sein / (kennen) lernen
kennen. Manchmal ————————— die Kunden in einer halben Stunden	erzählen
ihr ganzes Leben!	
Es ————————— aber auch Tage, da ————————— es wenige Kunden	geben / geben
und viele Pausen. Dann ————————— sie zu einem schönen Platz,	fahren
————————— die Zeitung, ————————— Radio oder sie —————————	lesen / hören
zu einem Taxistand und ————————— dort Kollegen.	fahren / treffen
Frau Harmes ————————— immer morgens um 6 Uhr und	beginnen
————————— bis 12 Uhr. Das ist für sie die beste Zeit, denn dann	fahren
————————— ihr Sohn Jan in der Schule. Morgens ————————— ihr	sein / wecken
Mann Karl den Jungen. Er ————————— das Frühstück für ihn	machen
und ————————— ihn dann zur Schule. Um 14 Uhr	bringen
————————— Jan nach Hause und das Mittagessen	kommen
————————— auf dem Tisch. Jan ————————— von der	stehen / erzählen
Schule. Frau Harmes ————————— ihm bei den Hausaufgaben.	helfen
Am Wochenende ————————— sie nicht. Im Sommer geht die	arbeiten
Familie dann ————————— oder ————————— im	wandern / schwimmen
Freibad. Frau Harmes ————————— auch gern mal ein Buch. Ihr	lesen
Mann ————————— gern. Er ————————— am	kochen / machen
Wochenende immer das Mittagessen.	

18 *sein* und *haben*

Die Verben *sein* und *haben* gebraucht man ...

... als Vollverb:	*sein* + Adjektiv/Nomen	*haben* + Nomen
	Sie **ist** gesund.	Sie **hat** Fieber.
	Sie **ist** Ärztin.	Sie **hat** einen Hund
... als Hilfsverb:	Sie **ist** in die Schule **gegangen**.	Sie **hat** einen Test **geschrieben**.

Infinitiv:		sein	haben
Singular:	ich	bin	habe
	du	bist	hast
	er/es/sie	ist	hat
Plural:	wir	sind	haben
	ihr	seid	habt
	sie	sind	haben
Formell (Sg./Pl.)	Sie	sind	haben

1 Das Verb *sein* – Ergänzen Sie.

Persönliche Informationen

1. ● _____ du Lehrerin?   ○ Nein, ich _____ Automechanikerin.

2. ● _____ ihr heute zu Hause?   ○ Ja, wir _____ bis 19 Uhr zu Hause.

3. ● _____ es dir zu kalt in Deutschland?   ○ Ja, viel zu kalt!

4. ● Woher _____ ihr?   ○ Wir _____ aus Ghana.

5. ● Wie alt _____ du?   ○ Ich _____ 39 Jahre alt.

6. ● _____ Sie schon lange in Deutschland?   ○ Ja, ich _____ seit 6 Jahren in Aachen.

7. ● Wo _____ Tom?   ○ Er _____ im Schlafzimmer. Er _____ müde.

Im Kaufhaus

1. Der Pullover _____ viel zu weit.

2. Die Schuhe _____ zu groß.

3. Der Mantel _____ schwarz.

4. Hier _____ die Jacken.

5. Das Hemd _____ viel schöner als die Bluse.

6. Die Blusen _____ zu weit.

7. Die Pullover _____ sehr schön.

8. Wer_____ hier zuständig?

9. _____ die Strumpfabteilung im zweiten Stock?

10. _____ Sie hier die Verkäuferin?

2. Damen

Kombi, Hosenanzüge, Kleider, Cocktail, Mäntel
Image

1. Damen   ♀♀

Hosen, Röcke, Blusen Jacken, Leder
Identity
    Coffee-Shop

EG

Damen-, T-Shirts, Strick Herren-, Hemden, Krawatten

2 Das Verb *haben* – Ergänzen Sie.

Krankheit

1. ● Ich _____ noch keinen Termin.

   ○ Wann _____ Sie denn Zeit?

2. ● _____ Sie schon Ihr Rezept?

   ○ Ja, danke.

3. ● _____ du Kopfschmerzen?

   ○ Ja, und ich _____ auch Fieber.

4. ● _____ ihr schon einen Termin beim Zahnarzt?

   ○ Nein, wir _____ Angst.

5. ● Kann ich dir helfen? _____ du Hunger?

   ○ Nein, aber ich _____ Durst! Mein Hals tut weh.

6. ● Wo ist Rafik? Er _____ heute einen Termin beim Arzt.

   ○ Ich glaube, den _____ er vergessen.

3 *sein* oder *haben* – Ergänzen Sie.

Klaus _____ Husten und Schnupfen, sein Kopf _____ heiß, er _____ Fieber, vielleicht _____ er Grippe?

Ich _____ immer müde, morgens _____ mir schlecht, manchmal _____ ich Hunger auf ein Marmeladenbrot mit Senf ... _____ ich vielleicht schwanger?

Wohnungssuche

1. ● Wir _____ eine Wohnung für Sie.

2. ○ Das _____ gut. Wie groß _____ die Wohnung?

3. ● 70 qm und sie _____ auch einen Balkon.

4. ○ Wie viele Zimmer _____ die Wohnung?

5. ● Zwei Zimmer, Küche und Bad.

6. ○ Ab wann _____ die Wohnung frei?

7. ● Sie können nächste Woche einziehen.

8. ○ Wie hoch _____ die Miete? _____ die Nebenkosten inklusive?

9. ● Die Miete _____ 560 Euro und die Nebenkosten _____ etwa 120 Euro.

19 Verben mit Präfix: trennbare Verben

Satzklammer S. 14

Trennbare Verben haben	einen (Verb-)**Stamm**	ein**kauf**en
	eine Endung	ein**kauf**en
	ein <u>Präfix</u>	<u>ein</u>**kauf**en

<u>ab</u>|fahren	<u>an</u>|rufen	<u>auf</u>|stehen
<u>aus</u>|sehen	<u>ein</u>|kaufen	<u>mit</u>|bringen
<u>um</u>|steigen	(sich) <u>vor</u>|stellen	<u>fern</u>|sehen

	Position 1	Position 2: Verb		Satzende: Präfix
Aussagesatz:	Ich	rufe	dich morgen	an.
W-Frage:	Wann	rufst	du morgen	an?
Ja/Nein-Frage	Rufst		du morgen	an?
Imperativsatz:	Ruf		bitte morgen	an.
mit Modalverb:	Ich	muss	dich morgen	anrufen.
Perfekt:	Ich	habe	dich gestern	an|ge|rufen.

Aussprache – trennbare Verben: Der Wortakzent ist immer auf dem 1. Wortteil (Präfix).

Sprechen Sie.

anrufen   Ich rufe dich morgen an. ↘
● · ·

umziehen   Wann zieht ihr um? ↗
● · ·

ankreuzen   Bitte kreuzen Sie die Antwort an. ↘
● · ·

⚠ Verben mit Präfix, aber nicht trennbar – Der Wortakzent ist immer auf dem 2. Wortteil:

besuchen.

Diese nicht trennbaren Verben kommen auf dem Niveau A1 vor:

besuchen	bezahlen	gehören	vermieten
bekommen	entschuldigen	übertragen	verstehen
benutzen	erklären	übersetzen	wiederholen
bestellen	erlauben	überweisen	
besichtigen	gefallen	verkaufen	

1 Trennbare Verben im Präsens – Schreiben Sie Sätze.

1. Wann / ihr / umziehen?   *Wann zieht ihr um?*

2. Wie lange / eure Kinder / abends fernsehen? _____

3. Der Zug / in Bochum / um 18 Uhr 32 / ankommen. _____

4. Der Film / um 20 Uhr 15 / anfangen. _____

5. Herr Pohl / seine Kinder / von der Schule / abholen. _____

6. Mein Urlaub / am 17. Juli / anfangen. _____

7. Sonntags / ich / gerne spät / aufstehen. _____

8. Manchmal / ich / auch am Kiosk / einkaufen. _____

9. Wie / du / denn / aussehen? _____

10. Frau Balzer / immer um 6 Uhr 30 / aufstehen. _____

11. Klaus / im Kino / sein Handy / ausmachen. _____

12. Hosni / jede Woche / seine Mutter / anrufen. _____

2 Trennbare Verben im Perfekt – Schreiben Sie Sätze.

Tagesablauf

1. ich / aufwachen / gestern Morgen / um 5 Uhr / sein   *Ich bin gestern Morgen um 5 Uhr aufgewacht.*

2. Sabine / anrufen / haben / und dann war ich wach _____

3. ich / aufstehen / sein _____

4. ich / mich anziehen / haben _____

5. ich / um 6 Uhr / weggehen / sein _____

6. ich / ankommen / sein / um 6 Uhr 30 _____

7. niemand / aufmachen / haben / mir _____

8. der Chef / ankommen / sein / um 8 Uhr _____

9. ich / um 16 Uhr / aufhören / haben / mit der Arbeit _____

10. ich / zurückfahren / mit dem Bus _____

11. ich / hinlegen / mich / haben _____

12. ich / ausschlafen / haben / heute _____

3 Trennbare Verben (T) und nicht trennbare Verben (0) – Sprechen Sie die Verben laut und
kreuzen Sie an.

[T] [0] ankommen   [T] [0] bestellen   [T] [0] entschuldigen   [T] [0] gefallen   [T] [0] vermieten

[T] [0] besuchen   [T] [0] mitbringen   [T] [0] erklären   [T] [0] gehören   [T] [0] wegfahren

[T] [0] aufstehen   [T] [0] besichtigen   [T] [0] erlauben   [T] [0] einsteigen   [T] [0] verstehen

[T] [0] anrufen   [T] [0] einladen   [T] [0] mitkommen   [T] [0] verkaufen   [T] [0] wiederholen

[T] [0] bekommen   [T] [0] bezahlen   [T] [0] ankreuzen   [T] [0] fernsehen   [T] [0] abschreiben

4 Trennbare Verben und nicht trennbare Verben – Schreiben Sie die Sätze.

Computerkurs

1. der Computerkurs / um 19 Uhr / anfangen   *Der Computerkurs fängt um 19 Uhr an.*

2. die Teilnehmer / die Computer / anmachen   _____

3. die Kursleiterin / das Programm / erklären   _____

4. die Teilnehmer / sich anmelden / im Netz   _____

5. sie / Formulare / ausfüllen   _____

6. die Kursleiterin / den Text / übersetzen   _____

7. die Teilnehmer / die Übung / wiederholen   _____

8. die Teilnehmer / Texte / abschreiben   _____

9. sie / die Texte / bearbeiten   _____

10. die Texte / gut / aussehen   _____

11. die Teilnehmer / die Computer / ausschalten   _____

12. die Kursleiterin / den Computerraum / abschließen   _____

Persönliche Fragen

	du-Form	Sie-Form
1. gern früh aufstehen	*Stehst du gern früh auf?*	*Stehen Sie gern früh auf?*
2. gern einkaufen		
3. gern spazieren gehen		
4. gern die Familie besuchen		
5. gern Freunde anrufen		
6. gern die Freundin einladen		
7. gern abends fernsehen		
8. gern fremde Städte besichtigen		
9. gern im Urlaub wegfahren		
10. gern Rechnungen bezahlen		

20 Modalverben im Präsens

Satzklammer S. 15

Formen

Infinitiv	können	müssen	wollen	sollen	dürfen	(möchten)*
ich	kann	muss	will	soll	darf	möchte
du	kannst	musst	willst	sollst	darfst	möchtest
er/es/sie	kann	muss	will	soll	darf	möchte
wir	können	müssen	wollen	sollen	dürfen	möchten
ihr	könnt	müsst	wollt	sollt	dürft	möchtet
sie/Sie	können	müssen	wollen	sollen	dürfen	möchten

möchten wird meistens als Vollverb benutzt: Ich möchte einen Saft (trinken/haben).

Modalverben im Satz: Satzklammer

	Modalverb (konjugiert)		Verb (Infinitiv)

● Wann (kannst) du die Kinder (abholen)?

○ Ich (kann) die Kinder immer montags (abholen).

Im Aussagesatz und in der W-Frage steht das konjugierte Modalverb auf Position 2.
Das Verb im Infinitiv steht am Satzende.

---

1 Ergänzen Sie die Modalverben.

Gespräch beim Frühstück

1. ● Wir haben kein Brot mehr. ___*Soll*___ ich schnell
   ein paar Brötchen holen? (sollen)

2. ○ Ja, gute Idee! _____ du Tee? (möchten)

   ● Ja, gerne.

3. ■ _____ du mir mal die Marmelade geben? (können)

4. ○ Sandra und Martin, beeilt euch, ihr _____ zur Schule gehen. (müssen)

5. ■ _____ wir heute etwas Schokolade mitnehmen? (dürfen)

6. ○ Wann _____ ich das Auto haben (können)? Ich _____ heute in die
   Stadt fahren. (wollen)

7. ● _____ wir zusammen fahren (können)? Ich _____ zum Arzt gehen. (müssen)

8. ○ Martin _____ heute Nachmittag auch zu Dr. Kraus gehen. (müssen)

   _____ ihr dann nicht zusammen fahren? (wollen)

9. ● Gut, das geht. _____ ich ihn von der Schule abholen? (sollen)

   Wir _____ dann in der Stadt etwas essen. (können)

21 Modalverben: Bedeutung

Modalverben können viele Bedeutungen haben. Hier einige Beispiele:

können | Kofi **kann** nicht schwimmen.

Man **kann** hier von 9 bis 18 Uhr 30 Briefmarken kaufen.

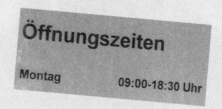

müssen | Luisa **muss** den Deutschkurs morgen bezahlen.
Ich **muss** am Samstag nicht arbeiten.

wollen* | Tom **will** (nicht) nach München fahren.
In einem Jahr **will** ich perfekt Deutsch sprechen können!

sollen | Viele Grüße von Paul, ich **soll** dir das Buch geben.
Paul hat gesagt, du **sollst** morgen **nicht** kommen. Er hat keine Zeit.

dürfen | Hier **dürfen** Sie parken.

Hier **dürfen** Sie **nicht** parken.

(möchten)* | ● Was **möchten** Sie trinken?
○ Ich **möchte** bitte einen Orangensaft.

● Kaffee?
○ Nein, ich **möchte keinen** Kaffee. Haben Sie Tee?

Ich **möchte** im Urlaub **nicht** zu Hause bleiben. Ich möchte ans Meer (fahren).

* Persönliche Wünsche formuliert man mit *möchten* – *wollen* wirkt oft unfreundlich.

1 Markieren Sie das passende Modalverb. Es können auch beide passen.

In der Küche

1. Musst/Kannst du bitte die Zwiebeln schneiden? Ich muss/kann dann immer weinen.
2. Wir haben das Brot vergessen. Ich kann/muss schnell zum Bäcker gehen und Baguette holen.
3. Das Gemüse ist aus dem Garten. Ihr müsst/wollt es noch waschen.
4. Müsst/Möchtet ihr Musik hören? Was hört ihr denn gern?
5. Ich finde das Rezept nicht. Kannst/Sollst du mir helfen?
6. In die Suppe muss/möchte viel Sahne. Das schmeckt gut.
7. Wie lange muss/kann die Suppe kochen?
8. Eine viertel Stunde? Dann können/müssen wir jetzt den Tisch decken.
9. Möchtest/Willst du ein Glas Wein trinken?
10. Darf/Kann ich mal probieren?
11. Das Rezept ist von meiner Mutter, soll/will ich es dir aufschreiben?
12. Peter möchte/soll keine Suppe essen, er isst nur Spaghetti mit Tomatensoße.
13. Maria darf/soll keine Sahne essen, sie hat eine Allergie.
14. Darf/Muss man bei euch rauchen?

2 Ergänzen Sie die Sätze mit einem Modalverb in der richtigen Form. Es gibt zum Teil mehrere Möglichkeiten.

Bei einer Einladung

1. ● _____ ihr zum Essen Wein oder Bier trinken?

   ○ Ich nehme ein Bier.

   ■ Und ich _____ gern ein Glas Weißwein.

2. ● _____ ich noch mehr Brot holen?

   ○ Ja, bitte.

3. ● Rudi, _____ ich dir noch Kartoffeln geben?

   ○ Nein, danke, ich bin satt.

4. ● _____ ihr nach dem Essen die Fotos ansehen?

   ○ Ja, gerne. Wie viele sind es denn?

   ● Es sind 800, aber wir _____ sie ja nicht alle ansehen.

5. ● _____ ihr nach dem Essen einen Abendspaziergang

   machen?

   ○ Eigentlich gerne, aber wir _____ um 10 zu Hause sein.

   Der Babysitter _____ dann nach Hause gehen.

22 Vergangenheit: Perfekt

Satzklammer S. 16, trennbare Verben S. 34, Liste der unregelmäßigen Verben S. 73

Das Perfekt bildet man so: *haben* oder *sein* + Verb im Partizip II

Satzklammer	haben/sein		Partizip II
Tom	(hat)	gestern ein Auto	(gekauft.)
Luisa	(ist)	gestern ins Kino	(gegangen.)

Die meisten Verben bilden das Perfekt mit *haben*.

Verb und Partizip II

	regelmäßige Verben		unregelmäßige Verben	
	Infinitiv	Partizip II	Infinitiv	Partizip II
einfache	kaufen	gekauft	schreiben	geschrieben
Verben	lernen	gelernt	lesen	gelesen
	arbeiten	gearbeitet	trinken	getrunken
trennbare	einkaufen	eingekauft	aufschreiben	aufgeschrieben
Verben	abholen	abgeholt	vorlesen	vorgelesen
nicht	verkaufen	verkauft	bekommen	bekommen
trennbare	bezahlen	bezahlt	verstehen	verstanden
Verben	entschuldigen	entschuldigt	unterschreiben	unterschrieben
Verben auf	passieren	passiert		
–ieren	telefonieren	telefoniert		

Auf dem Niveau A1 müssen Sie nur diese Verben im Perfekt benutzen können:

Regelmäßig: arbeiten – hat gearbeitet, fragen – hat gefragt, glauben – hat geglaubt, lernen – hat gelernt, machen – hat gemacht, passieren – ist passiert

Unregelmäßig: bleiben – ist geblieben, essen – hat gegessen, fahren – ist gefahren, haben – hat gehabt, lesen – hat gelesen, trinken – hat getrunken, verstehen – hat verstanden

Wortakzent

trennbare Verben: Der Wortakzent ist immer auf dem 1. Wortteil.

anrufen Ich habe dich gestern angerufen.
● · · ●

Verben auf -ieren: Der Wortakzent ist immer auf *-ieren*

telefonieren Wir haben am Sonntag mit Peter telefoniert.
· · · ● ●

nicht trennbare Verben: Der Wortakzent ist auf dem Verbstamm.

verkaufen Hast du dein Fahrrad verkauft?
· ● · ●

Sprechen Sie die Verben aus der Tabelle oben laut.

Einige wichtige Verben bilden das Perfekt mit *sein*:

Verben mit
Bewegung in A1:

(ab/weg ...)fahren	Er ist nach Berlin gefahren.
(an/mit ...)kommen	Ralf ist nicht mitgekommen. Er ist krank.
(weg ...)gehen	Wir sind gleich nach dem Essen weggegangen.
aufstehen	Ich bin heute erst um 9 Uhr aufgestanden.
(aus/ein ...)steigen	Herbert ist eine Station zu früh ausgestiegen.
(ab)fliegen	Ihr Flugzeug ist vor einer Stunde abgeflogen.
(weg/mit ...)laufen	Bist du heute Morgen wieder eine Stunde gelaufen?

⚠ Einige andere
Verben, z.B.:

bleiben/passieren	○ Ralf ist zu Hause geblieben. Er hat Grippe.
	● Was ist passiert? Ist er krank?

TIPP Verben immer mit Infinitiv und Perfektform lernen.

> bezahlen
> ich bezahle, er bezahlt,
> er hat bezahlt
>
> Rudi hat die
> Rechnung bezahlt.

> gehen
> ich gehe, sie geht,
> sie ist gegangen
> Ich bin gestern schon
> um drei nach Hause
> gegangen.

Sie können im Deutschen für die Vergangenheit fast immer das Perfekt benutzen.
(Ausnahme: *sein/haben* → vgl. S. 44)

1 Partizip II – Schreiben Sie die Infinitive und ordnen Sie zu: mit *ge-/-ge-* oder ohne.

verkauft • geantwortet • erklärt • studiert • ferngesehen • ausgefüllt • benutzt • gelernt • gekommen •
verstanden • bezahlt • gefahren • telefoniert • gekauft • geholt • geschrieben • abgefahren • verdient •
gearbeitet • vermietet • überwiesen • gelesen • bestellt • mitgebracht • unterschrieben • angerufen

Partizip II	Infinitiv	Partizip II	Infinitiv
ein ge kauft	einkaufen	erzählt	erzählen

2 Perfekt mit *haben* – Schreiben Sie die Sätze im Perfekt.

1. Tut mir leid, ich verstehe Sie nicht.   *Tut mir leid, ich habe Sie nicht verstanden.*

2. Wo kaufen Sie das Brot?

3. Was kostet das Gemüse?

4. Wo arbeitest du?

5. Wo lernst du Deutsch?

6. Schreibst du mit?

7. Benutzen Sie ein Wörterbuch?

8. Verkaufen Sie Ihr Auto?

9. Liest du das Buch ganz?

10. Ich unterschreibe das Formular.

11. Ich telefoniere mit meiner Mutter.

12. Ich rufe meinen Vater an.

13. Anna gibt mir das Buch.

14. Ich spreche mit ihm.

3 Perfekt mit *sein* – Schreiben Sie die Sätze im Perfekt.

1. Ich schwimme eine halbe Stunde.   *Ich bin eine halbe Stunde geschwommen.*

2. Ich laufe zehn Kilometer.

3. Roland geht weg.

4. Das Flugzeug fliegt ab.

5. Ich stehe um 6 Uhr auf.

6. Ich bleibe bis 20 Uhr in der Firma.

7. Ich steige in Frankfurt aus.

8. Sandra fährt nach Warschau.

9. Kommt ihr Freund auch mit?

10. Ich gehe am Samstagabend weg.

11. Tina kommt um 16 Uhr an.

12. Wann fährt euer Bus ab?

13. Ich komme um 10 Uhr an.

14. Maria und Carlos ziehen um.

4 Perfekt mit *haben* oder *sein* – Ergänzen Sie die passende Form.

Persönliche Informationen

1. ● Wie lange _____ du in der Blumenstraße gewohnt?

   ○ Fast drei Jahre. Dann _____ ich in die Kantstraße umgezogen.

2. ● Wie lange _____ ihr zu Hause in die Schule gegangen?

   ○ Fünf Jahre und dann _____ der Krieg angefangen.

3. ● Was _____ Sie zu Hause gearbeitet?

   ○ Ich _____ als Lkw-Fahrer gearbeitet.

4. ● Wie lange _____ ihr in Italien geblieben?

   ○ Ein Jahr, dann _____ wir nach Deutschland gekommen.

5. ● _____ du schon einmal deine Eltern zu Hause besucht?

   ○ Ja, ich _____ im Mai für zwei Wochen hingefahren.

6. ● Wo _____ Sie Deutsch gelernt?

   ○ Ich _____ schon zu Hause in Deutschkurse gegangen.

5 Ergänzen Sie die Perfektformen.

Ein Tag

1. Ich _____ um 6 Uhr _____. (aufstehen)

2. Ich _____ ins Bad _____. (gehen)

3. Ich _____ _____. (duschen)

4. Die ganze Familie _____ zusammen _____. (frühstücken)

5. Dann _____ die Kinder in die Schule _____. (gehen)

6. Meine Frau _____ sie _____. (hinbringen)

7. Dann _____ sie ins Büro _____. (fahren)

8. Ich _____ die Zeitung _____. (lesen)

9. Dann _____ ich für das Mittagessen _____. (einkaufen)

10. Danach _____ ich meinen Computer _____. (anmachen)

11. Ich _____ meine E-Mails _____. (checken)

12. Um 12 Uhr _____ ich das Mittagessen _____. (kochen)

13. Um 13 Uhr _____ die Kinder aus der Schule _____. (kommen)

14. Wir _____ Spaghetti mit Tomatensoße _____. (essen)

15. Danach _____ Ailina ihre Hausaufgaben _____. (machen)

16. Mario _____ eine Stunde mit Freundinnen _____. (telefonieren)

17. Ich _____ bis 17 Uhr im Arbeitszimmer _____. (bleiben)

23 Vergangenheit: Präteritum von *haben* und *sein*

Perfekt S. 40

Vergangenheit: *sein* und *haben* benutzt man meistens im Präteritum, nicht so oft im Perfekt.

Das sind die Formen von *sein* und *haben* im Präteritum.

Infinitiv		sein	haben
Präteritum	ich	war*	hatte*
	du	warst	hattest
	er/es/sie	war*	hatte*
	wir	waren	hatten
	ihr	wart	hattet
	sie/Sie	waren	hatten

Auf Niveau A1 müssen Sie nur die mit * markierten Formen können.

1 Schreiben Sie die Sätze in der Vergangenheit.

1. Ich habe keine Zeit. _____

2. Wo ist Herr Fischer? _____

3. Ist er im Deutschkurs? _____

4. Nein, er hat einen Termin beim Arzt. _____

5. Ist Tina heute da? _____

6. Ja, sie hat eine Besprechung mit Dr. Müller. _____

2 Schreiben Sie den Dialog im Präsens.

Im Unterricht

● Heute war ein schlechter Tag: Der Unterricht war langweilig und ich war müde und die Testaufgaben waren zu schwer.

   ● Heute ist ein schlechter Tag. Der Unterricht _____

○ Wie viele Fehler hattest du denn? _____

● Zu viele! Ich hatte 20 Fehler. _____

○ Und Maria? War Maria im Kurs? _____

● Nein, deshalb war es ja so langweilig! _____

○ Wo war sie? _____

● Sie war zu Hause. Sie hatte Bauchschmerzen. Am Nachmittag war sie beim Arzt. _____

Imperativsatz S. 11

So bilden Sie die Imperativformen:

Präsens	Imperativform	Imperativsatz	
		Position 1	Position 2
Sie machen	*Sie*-Form: Machen Sie	Machen	Sie	einen Lernplan.
du sprichst	*du*-Form: ~~du~~ sprich~~st~~	Sprich		den Dialog laut.
ihr übt	*ihr*-Form: ~~ihr~~ übt	Übt		die Wörter gemeinsam.

1 *du, Sie, ihr* – Schreiben Sie Imperativsätze.

Lerntipps

1. einen Zeitplan machen   *Mach / Machen Sie / Macht einen Zeitplan.*
2. nicht zu viel auf einmal lernen
3. öfter kleine Pausen machen
4. mit einer Partnerin lernen
5. gemeinsam Dialoge üben
6. Texte laut sprechen
7. regelmäßig wiederholen
8. zu Hause selbstständig weiterlernen
9. viel Radio hören
10. viel Deutsch lesen

Anweisungen

11. anrufen / die SAP / bitte   *Ruf / Rufen Sie / Ruft bitte die SAP an.*
12. den Brief / schreiben / bitte / an Frau Throm
13. bitte / aufräumen / das Büro
14. kommen / bitte / zum Chef
15. helfen / der neuen Kollegin / bitte
16. das Licht / bitte / anmachen
17. den Computer / ausmachen / bitte
18. die E-Mails / bitte / ausdrucken

25 Zusammenfassung: Verbformen

1 Wählen Sie für jede Lücke die passende Verbform.

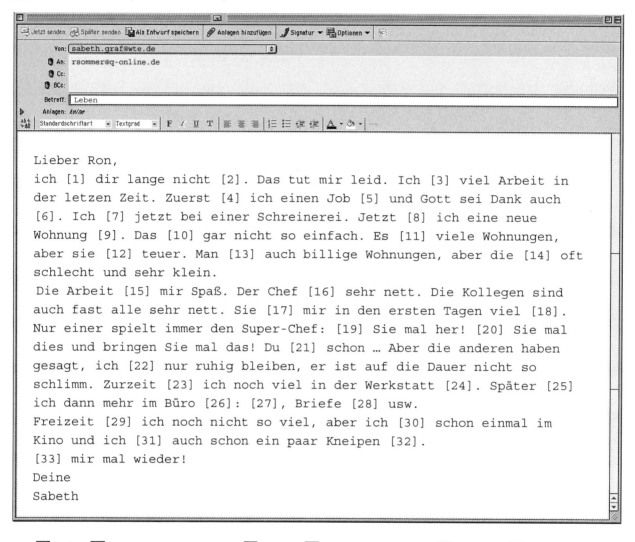

Lieber Ron,

ich [1] dir lange nicht [2]. Das tut mir leid. Ich [3] viel Arbeit in der letzten Zeit. Zuerst [4] ich einen Job [5] und Gott sei Dank auch [6]. Ich [7] jetzt bei einer Schreinerei. Jetzt [8] ich eine neue Wohnung [9]. Das [10] gar nicht so einfach. Es [11] viele Wohnungen, aber sie [12] teuer. Man [13] auch billige Wohnungen, aber die [14] oft schlecht und sehr klein.

Die Arbeit [15] mir Spaß. Der Chef [16] sehr nett. Die Kollegen sind auch fast alle sehr nett. Sie [17] mir in den ersten Tagen viel [18]. Nur einer spielt immer den Super-Chef: [19] Sie mal her! [20] Sie mal dies und bringen Sie mal das! Du [21] schon … Aber die anderen haben gesagt, ich [22] nur ruhig bleiben, er ist auf die Dauer nicht so schlimm. Zurzeit [23] ich noch viel in der Werkstatt [24]. Später [25] ich dann mehr im Büro [26]: [27], Briefe [28] usw.

Freizeit [29] ich noch nicht so viel, aber ich [30] schon einmal im Kino und ich [31] auch schon ein paar Kneipen [32].

[33] mir mal wieder!

Deine

Sabeth

1. [a] habe [b] hast
2. [a] schreibe [b] geschrieben
3. [a] hatten [b] hatte
4. [a] habe [b] hatte
5. [a] suchen [b] gesucht
6. [a] gefunden [b] finde
7. [a] arbeitet [b] arbeite
8. [a] müsst [b] muss
9. [a] finden [b] gefunden
10. [a] sind [b] ist
11. [a] gibt [b] gebe

12. [a] waren [b] sind
13. [a] finde [b] findet
14. [a] sind [b] seid
15. [a] macht [b] machen
16. [a] bin [b] ist
17. [a] haben [b] hattest
18. [a] geholfen [b] hilft
19. [a] Komm [b] Kommen
20. [a] Holt [b] Holen
21. [a] weißt [b] wissen
22. [a] sollst [b] soll

23. [a] müssen [b] muss
24. [a] helfen [b] geholfen
25. [a] sollt [b] soll
26. [a] arbeiten [b] gearbeitet
27. [a] telefonieren [b] telefoniere
28. [a] geschrieben [b] schreiben
29. [a] hatten [b] hatte
30. [a] bin [b] war
31. [a] war [b] habe
32. [a] besuchen [b] besucht
33. [a] Schreib [b] Schreiben

2 Welches Verb passt wohin? Schreiben Sie die Ziffern in den Text.

a   1. entschuldigen   2. hat   3. kann   4. ist   5. gehen

Entschuldigung für den Sohn

Sehr geehrte Frau Wolkenstein,

mein Sohn Enis _____ krank. Er _____ Grippe. Er _____ diese Woche

nicht in die Schule _____.

Bitte _____ Sie sein Fehlen.

Amir Yanarsönmez

b   1. weggehen   2. hatte   3. hat angerufen   4. komme   5. geben   6. liegt   7. muss   8. Kannst

Notiz für den Nachbarn

Lieber Caio,

ich _____ jetzt schnell _____. Meine Mutter _____.

Sie _____ einen Unfall und _____ im Krankenhaus. _____ du bitte

meinen Blumen Wasser _____? Ich _____ am Freitag oder Samstag zurück.

Liebe Grüße

Silke

Kurzer Brief an eine Freundin

c   1. habe   2. geht   3. wollen   4. Wisst   5. besuchen   6. haben   7. war   8. kommen   9. aufhören
    10. arbeiten   11. fliegen   12. Seid   13. geschrieben   14. muss   15. geantwortet   16. hat

Hallo, Birsen,

ich _____ sehr glücklich über deinen Brief. Ashwani und mir _____ es gut.

Wir _____ viel, aber wir _____ auch Zeit für uns.

In den nächsten Ferien _____ wir nach Hause _____ und euch _____.

_____ ihr im Juni zu Hause?

_____ ihr etwas von Sandra Seelig? Ich _____ ihr einen Brief _____,

aber sie _____ nicht _____. Ich _____ jetzt _____.

Die Kinder _____ gleich von der Schule.

Schreibt mal wieder!

Liebe Grüße

Christa

26 Grammatik in Texten: Das Verb steht im Zentrum.

1 Lesen Sie Text 1 und markieren Sie die Verben. Schreiben Sie dann Text 2 und 3 mit den passenden Verben aus Text 1.

Text 1

Mein Name ist Olga Mischnik. Ich bin 28 Jahre alt und wohne in Kaiserslautern. Ich bin verheiratet und habe eine Tochter. Sie heißt Raiza und ist 6 Jahre alt. Mein Mann heißt Rolf. Er ist 30 Jahre alt. Er ist Schreiner von Beruf und arbeitet zurzeit in einer Umzugsfirma. Ich lebe seit 12 Jahren in Deutschland. Ich komme aus der Ukraine, aus Kiew. Meine Eltern wohnen in Pirmasens. Das ist nicht weit von Kaiserslautern.

Text 2

Mein Name Rolf Mischnik. Ich 30 Jahre alt. Ich mit meiner Familie in Kaiserslautern. Meine Frau Olga. Sie aus der Ukraine. Sie seit 12 Jahren in Deutschland. Ihre Eltern in Pirmasens und meine in Mannheim. Ich als Schreiner in einer Umzugsfirma.

Mein Name ist Rolf Mischnik. _____

_____

_____

_____

_____

Text 3

Ich Sarah Blomberg und 45 Jahre alt. Ich seit zwei Jahren bei SAP in Walldorf. Ich Informatikerin von Beruf. Ich aus Schottland, aus Glasgow. Seit einigen Monaten ich einen Freund. Er in Heidelberg und dort in der Universitätsklinik. Er Krankenpfleger.

_____

_____

_____

_____

_____

Komposita S. 70, Artikelwörter S. 53

Das sind Nomen:

Nomen schreibt man groß:	der Tisch	das Buch	die Tafel	
Es gibt viele Pluralformen, z.B.:	die Tische	die Bücher	die Tafeln	

Es gibt drei bestimmte Artikel:	Maskulinum: der	Neutrum: das	Femininum: die
Es gibt zwei unbestimmte Artikel:	Maskulinum +	Neutrum: ein	Femininum: eine
Unbestimmter Artikel negativ	Maskulinum +	Neutrum: kein	Femininum: keine
Bestimmter Artikel im Plural:	Maskulinum +	Neutrum +	Femininum: die
Unbestimmter Artikel im Plural:	Maskulinum +	Neutrum +	Femininum: –
Unbestimmter Artikel negativ Pl.	Maskulinum +	Neutrum +	Femininum: keine

TIPP Nomen immer mit Artikel, Pluralform
und Beispiel lernen. Machen Sie sich
Lernkarten für „schwierige" Nomen.

das Wörterbuch
die Wörterbücher

Beispiel:
Hast du ein Wörterbuch
Deutsch-Englisch?

Nomen und Artikel – Genus: *der, das* oder *die?*

Immer Maskulinum: Personen auf	-er	der Arbeiter
		der Verkäufer
		der Italiener
Immer Neutrum: alle Nomen auf	-chen	das Mädchen
Immer Femininum: alle Nomen auf	-ung	die Rechnung
	-heit	die Gesundheit
	-keit	die Pünktlichkeit
	-tion	die Information
	-ei	die Bäckerei
Frauen im Beruf: Nomen + *-in*	der Verkäufer	die Verkäuferin
	der Kollege	die Kollegin
Nationalitäten: fast alle Frauen + *-in*	der Italiener	die Italienerin
	der Chinese	die Chinesin
	⚠ der Deutsche	die Deutsche

1 Wortgruppen – Hier sind Nomen aus der Wörterliste für A1.
Überlegen Sie: Kennen Sie die Bedeutung, die Artikel und die Pluralformen?

... die Firma,
die Firmen, das Angebot,
die Angebote, die ...

Haus – Wohnung – Miete –
Schlafzimmer – Bett – Küche –
Kühlschrank – Herd – Bad –
Dusche – Balkon – Garten

Bein – Auge – Haar – Bauch
– Hand – Fuß – Arm – Kopf
– Fieber

Bluse – Hose – Rock –
Jacke – Pullover – Mantel

Blume – Baum

Anfang – Ende

Ankunft – Abfahrt – Auskunft –
Fahrkarte – Durchsage –
Bahnhof – Bahnsteig – Eingang
– Ausgang – Aufenthalt –
Gepäck – Automat – Ausflug

Bäckerei – Geschäft –
Supermarkt – Café – Restaurant

Job – Arbeit – Arbeiter –
Arbeitsplatz – Beruf

Kasse – Geld – Konto

Mittagessen – Fisch – Fleisch –
Gemüse – Kartoffel

Morgen – Mittag – Abend –
Tag – Nacht

Absender – Empfänger –
Datum – Adresse – Einladung –
Glückwunsch – Dank – Brief
Briefmarke – Briefkasten

Frühstück – Ei – Butter –
Brot – Brötchen – Kaffee

Hobby – Glück – Hilfe –
Ausstellung – Bild – Film –
Karte – Eintritt

Firma – Angebot –
Antwort – Kunde

Internet – Computer –
Bleistift – Papier – Telefon –
Anruf – Handy

Hotel – Anmeldung –
Information – Ausweis –
Gast – Gruppe

Hunger – Durst – Getränk –
Flasche – Glas

Obst – Apfel – Banane – Birne

Geburtstag – Feier –
Geschenk – Buch

Heimat – Dorf – Stadt

2 Schreiben Sie Sätze mit mindestens je zwei Nomen aus einer Wortgruppe.

*Vergiss den Absender und den Empfänger nicht
und nimm eine 55-Cent-Briefmarke.*

28 Nomen und Artikel – Kasus: Nominativ und Akkusativ

Artikelwörter S. 53

Die meisten Nomen haben im Nominativ und Akkusativ denselben Artikel.

Bei den Artikeln gibt es nur einen Unterschied: Akkusativ im Maskulinum -(e)n.

		Maskulinum	Neutrum	Femininum	Plural
	Das ist				Das sind
Nominativ:		ein Apfel.	ein Brot.	eine Birne.	— Äpfel/Brote/Birnen.
		der Apfel.	das Brot.	die Birne.	die Äpfel/Brote/Birnen.
Akkusativ:	Ich hätte gern				
		ein**en** Apfel.	ein Brot.	eine Birne.	2 Äpfel / 3 Brote / 4 Birnen.
	Bitte schneide				
		de**n** Apfel.	das Brot.	die Birne.	die Äpfel/Brote/Birnen.

kein funktioniert wie *ein*

	Ich habe			
		kein**en** Hunger.	kein Geld.	keine Lust.

Nominativ oder Akkusativ?   Das Verb bestimmt den Kasus. Die meisten Verben haben Akkusativ.

TIPP Verben immer mit Kasus und Beispiel lernen.

kaufen (A)

*Bitte kauf ein**en** Liter Milch. Hast du ein Brot gekauft?*

Einige wichtige Verben mit Akkusativ:

bestellen
mögen (ich möchte)
essen
trinken
bezahlen

mieten
vermieten

aufmachen
zumachen

lesen
lernen
schreiben
verstehen
wissen

brauchen
suchen
finden
kaufen
verkaufen

haben
machen

öffnen
kochen
schneiden
nehmen

einladen
besuchen
kennen
mögen (ich mag)

1 Schreiben Sie Lernkarten zu den Verben oben.

2 Verben und Akkusativergänzungen – Was passt zusammen?

1. Ich möchte   —— den Käse in kleine Stücke.

2. Trinkst du morgens   —— die Wohnung auch möbliert?

3. Wir besuchen morgen   —— einen Apfel und vier Tomaten.

4. Vermieten Sie   —— das Heidelberger Schloss.

5. Wann machen Sie   —— immer eine Tasse Kaffee?

6. Mein Freund liest abends   —— einen Fahrschein.

7. Schneiden Sie   —— den Laden auf?

8. Wir brauchen noch   —— immer die Zeitung und ab und zu ein Buch.

3 Ergänzen Sie die Artikel. Schreiben Sie dann die Akkusativformen.

Kleidung kaufen

1. _____ Hose   Ich möchte bitte d_____ Hose anprobieren.

2. _____ Rock   Ich habe mir e_____ Rock gekauft.

3. _____ Hemd   Kannst du mir d_____ Hemd für die Party geben?

4. _____ Mantel   Ich habe e_____ super Wintermantel gesehen.

5. _____ Strumpfhose   Ich muss mir e_____ Strumpfhose kaufen.

6. _____ Paar Socken   Du musst dir e_____ Paar Socken kaufen.

7. _____ Anorak   Mein Sohn braucht e_____ Anorak für den Sommer.

8. _____ Kleid   Ich nehme d_____ Kleid. Ich finde es sehr schön.

9. _____ BH   Ich will morgen in die Stadt fahren und e_____ BH kaufen.

10. _____ Kopftuch   Ich möchte d_____ Kopftuch anprobieren.

4 Ergänzen Sie die Artikel.

Essen zu Hause

1. Ich brauche e_____ Messer. Wo ist d_____ Messer?

2. Kannst du bitte d_____ Teller auf den Tisch stellen? Wir sind zu viert.

3. Ich hätte gern e_____ Salat mit Tomaten und Gurken.

4. Zuerst musst du d_____ Salat waschen und dann d_____ Tomaten dazugeben.

5. Ich will morgen e_____ Gemüseauflauf kochen.

Essen im Restaurant

6. Ich hätte gern e_____ Apfelsaft

   und e_____ Pizza Diavolo.

7. Bringen Sie mir bitte d_____ Speisekarte.

8. Ich möchte e_____ Nizza-Salat.

9. Haben Sie e_____ Früchtetee?

10. Trinkst du auch e_____ Bier?

Sport und Hobbys

11. Ich mache im Winter e_____ Skikurs.

12. ● Spielst du e_____ Instrument? ○ Leider nein.

13. Meine Tochter will e_____ Fußball zum Geburtstag.

14. ● Liest du gerne mal e_____ Buch? ○ Nein, ich lese nicht gern.

15. Am Tag mache ich d_____ Fernseher nie an, aber ich höre oft Radio.

29 Artikelwörter (1): *dieser, dieses, diese – welcher, welches, welche*

Dieser und *welcher* funktionieren wie der bestimmte Artikel *(der/das/die)*.

Nominativ	Maskulinum	Neutrum	Femininum	Plural
bestimmter Artikel:	der	das	die	die
Demonstrativartikel:	dieser	dieses	diese	diese
Frageartikel:	welcher	welches	welche	welche
Akkusativ	Maskulinum	Neutrum	Femininum	Plural
bestimmter Artikel:	den	das	die	die
Demonstrativartikel:	diesen	dieses	diese	diese
Frageartikel:	welchen	welches	welche	welche

1 Nominativ oder Akkusativ – Ergänzen Sie die Endungen.

Kleidung kaufen

1. ● Welch―― Rock gefällt Ihnen?

   ○ Ich möchte gerne dies―― Rock anprobieren.

2. ● Welch―― Mantel findest du gut?

   ○ Den da, und probier mal dies―― Schal dazu.
   Der steht dir bestimmt.

3. ● Dies―― Rock ist zu eng.

   ○ Welch―― Größe tragen Sie?

Straßenbahn und Bus

4. ● Entschuldigung, welch―― Straßenbahn
   fährt zum Karlsplatz?

   ○ Dies―― Bus hier und auch die Linie 23.

5. ● Welch―― Bus muss ich nach Dürkheim
   nehmen?

   ○ Dies―― Bus fährt nach Dürkheim, aber er
   braucht lang. Fahren Sie lieber mit der S-Bahn.

6. ● Welch―― Bus fährt auch nachts, dies―― hier oder die Nr. 24?

   ○ Dies―― Bus fährt nur bis 23 Uhr. Die Nr. 24 fährt bis 1 Uhr.

7. ● Welch―― S-Bahn muss ich nach Bruchsal nehmen?

   ○ Das ist die S2. Sie können gleich dies―― Zug hier nehmen.

30 Artikelwörter (2): *kein, mein/dein ...*

Das sind die Possessivartikel:

ich	du	er	es	sie	wir	ihr	sie/Sie
mein/e	dein/e	sein/e	sein/e	ihr/e	unser/e	euer/eure	ihr/e / Ihr/e

	ICH	DU	
der/ein Löffel	mein Löffel	dein Löffel	
das/ein Messer	mein Messer	dein Messer	
die/eine Gabel	meine Gabel	deine Gabel	
die/– Löffel/Messer/Gabeln	meine Löffel/Messer/Gabeln	deine Löffel/Messer/Gabeln	

Die Possessivartikel *mein/dein/sein* ... funktionieren wie *kein*.

Nominativ	Maskulinum	Neutrum	Femininum	Plural
unbestimmter Artikel:	ein Tisch	ein Buch	eine Tasse	Tische/Bücher ...
negativ:	kein Tisch	kein Buch	keine Tasse	keine ...
Possessivartikel:	mein* Tisch	mein* Buch	meine* Tasse	meine* ...

Akkusativ	Maskulinum	Neutrum	Femininum	Plural
unbestimmter Artikel:	einen Tisch	ein Buch	eine Tasse	–
negativ:	keinen Tisch	kein Buch	keine Tasse	keine ...
Possessivartikel:	meinen* Tisch	mein* Buch	meine* Tasse	meine* ...

* Ebenso: dein, sein, ihr/Ihr, unser, euer (Fem./Pl.: eure), ihre/Ihre

1 Textreferenz – Wer ist wer? Lesen Sie genau und kreuzen Sie an.

	H	A	H+A
Heidi und Axel sind umgezogen. Ihre Wohnung liegt in der Weststadt.	☐	☐	☒
Ihre Wohnung ist jetzt in der Nähe von Heidis Eltern. Heute Abend	☐	☐	☐
kommen ihre Eltern zu Besuch. Axels Eltern sind im Urlaub.	☐	☐	☐
Heidi: „Herzlich willkommen in unserer neuen Wohnung."	☐	☐	☐
Heidis Mutter: „Wie lange bleiben deine Eltern an der Nordsee?	☐	☐	☐
Haben sie schon eure neue Telefonnummer?"	☐	☐	☐
Axel: „Nein, unser Telefon ist noch nicht da,	☐	☐	☐
aber sie haben meine Handynummer."	☐	☐	☐
Heidis Mutter: „Funktioniert eure Waschmaschine schon?"	☐	☐	☐
Heidi: „Unsere Waschmaschine ist kaputt, aber Axel muss	☐	☐	☐
seine Hose waschen. Können wir eure mal benutzen?"	☐	☐	☐

2 Ergänzen Sie die Possessivartikel

Familie

1. Ich heiße Tim Bernhard und bin 32 Jahre alt. Ich bin verheiratet. _____ Frau heißt
   Sandra. Sie ist auch 32. _____ Kinder heißen Ben und Silke. Unser Haus steht in
   Dirmstein (Pfalz). _____ Sohn ist 6 Jahre alt. _____ Freunde und er spielen
   fast jeden Tag bei uns im Garten. Manchmal besucht er auch _____ Freund Georg.
   _____ Tochter besucht lieber _____ Freundinnen.

2. ● Wo wohnen d_____ Eltern?
   ○ _____ Mutter wohnt bei uns. _____ Vater ist schon tot.

3. ● Ich habe gestern Morgen d_____ Sohn in der Straßenbahn getroffen.
   ○ _____ Sohn? Gestern Morgen? Da hatte er doch Schule!

4. ● Kennst du Pia? _____ Großmutter ist schon 102 Jahre alt.
   ○ Wahnsinn! Aber _____ Eltern sind ja auch schon über 80.

5. ● Rolf sagt, er will _____ Freundin Anne heiraten.
   ○ Ja, aber Anne will _____ Ex-Freund Rolf nicht heiraten.
   ● Was, bist du sicher?

In der Firma

1. ● Ist d_____ Kollege krank?
   ○ M_____ Kollege? Nein, warum?
   ● Er ist heute nicht zur Arbeit gekommen.

2. ● U_____ Firma hat Probleme.
   ○ E_____ Firma?! Welche denn?
   ● U_____ Chef will uns morgen informieren.

3. ● Frau Stein, wann nehmen Sie Ihren Urlaub?
   ○ Ich muss m_____ Urlaub im August nehmen. Da sind Schulferien.

4. ● Wie viele Stunden arbeitest du pro Woche?
   ○ 40 Stunden. Aber oft müssen m_____ Kollegen und ich 44 Stunden arbeiten.

5. ● Hat Frau Stoiber ihre Krankmeldung schon abgegeben?
   ○ Sie ist im Krankenhaus, aber ich rufe i_____ Mann an.

6. ● Rico hat letzte Woche s_____ Lohn nicht bekommen.
   ○ Warum?
   ● Keine Ahnung, s_____ Chef sagt, viele Kunden haben i_____ Rechnungen
   nicht bezahlt.

31 Indefinita: *alle, viele, man ...*

Diese Indefinita müssen Sie auf dem Niveau A1 kennen:

100% ——•● 0%

alle / alles	viele / viel	etwas	wenig	nichts

Sachen	alles	Mir schmeckt nicht **alles**, aber Schnitzel finde ich z.B. super.
	viel	Ich habe auch schon **viel** ausprobiert.
	etwas	Ich habe **etwas** Hunger, aber nicht viel.
	wenig	Ich esse zurzeit nur **wenig**.
	nichts	Ich auch. Zum Frühstück esse ich **nichts**.
	welch-	Ich habe kein Brot mehr, hast du **welches**?
Personen	man	**Man** kann in Deutschland gut essen.
Personen/Sachen	alle	**Alle** Busse fahren ins Stadtzentrum.
	viele	**Viele** Leute fahren immer mit dem Bus in die Stadt.

1 Welches Indefinitum passt? Markieren Sie.

Deutsch lernen

1. Man/Alles/Alle muss oft wiederholen. Dann kann man schnell lernen.
2. Viele/Etwas/Man Schüler schreiben nicht gern.
3. Können Sie den Satz noch einmal sagen, ich habe nichts/alle/man verstanden.
4. Etwas/Viele/Alles Lehrer sprechen zu schnell.
5. Mit etwas/alle/alles Zeit kann man/wenig/nichts eine Sprache gut lernen.
6. Ich kann nicht mit in die Stadt kommen. Ich muss noch so viele/viel/wenig lernen.
7. So lernt man/alles/viele effektiv: jeden Tag eine halbe Stunde, nicht drei Stunden an einem Tag.
8. Ich habe meine Wortschatz-Karten vergessen, hast du welche/etwas/viel für mich?

2 Wo passen die Indefinita? Schreiben Sie die Sätze.

Schule und Beruf

1. Für Berufe in Deutschland braucht eine Berufsausbildung – VIELE/MAN
   Für viele Berufe in Deutschland braucht man eine Berufsausbildung.

2. In Deutschland sind Menschen arbeitslos und bekommen nur Hilfe. – VIELE/WENIG

   _____

3. Jugendlichen müssen in Deutschland in die Schule gehen. – ALLE

   _____

4. Ohne Ausbildung sind die Jobs schlecht. Man muss arbeiten und verdient wenig – VIEL/MAN

   _____

5. Schüler arbeiten und verdienen Geld. – VIELE/ETWAS

   _____

32 Personalpronomen

Verben mit Akkusativ S. 51, Präpositionen und Kasus S. 59

Das sind Personalpronomen:

Nominativ	ich	du	er	es	sie	wir	ihr	sie/Sie
Akkusativ	**mich**	**dich**	**ihn**	es	sie	**uns**	**euch**	sie/Sie
Dativ	**mir**	**dir**	**ihm**	**ihm**	**ihr**	uns	euch	**ihnen/Ihnen**

Welcher Kasus? Das hängt vom Verb oder von der Präposition ab.

lernen + (Akk)	Tom lernt **die Grammatik** mit Luisa.
helfen + (Dat)	Tom hilft **ihr**.
mit + (Dat)	Tom lernt die Grammatik mit **ihr**.

Diese Verben und Ausdrücke mit Dativ sind auf dem Niveau A1 wichtig:

danken, gehören, gefallen, helfen, es geht (mir gut/schlecht)

1 Ergänzen Sie die Personalpronomen.

Persönliche Informationen

1. ● Wie geht es _Ihnen_ ?

   ○ Danke, _____ geht es gut. Und _____?

   ● Danke, _____ auch.

2. ● Sonja, darf ich _____ meinen Freund Roy vorstellen?

   Roy, das ist Sonja Tiele, eine Freundin von _____.

   ○ Guten Tag, Frau Tiele.

3. ● He, ihr zwei, gehören _____ die Fahrräder da drüben?

   ○ Ja, die gehören _____. Wieso?

   ● Die müsst _____ abschließen. Sonst sind _____ weg.

4. ● Frau Beime, kann ich _____ heute mal kurz sprechen?

   ○ Wann möchten _____ mit _____ sprechen?

   ● Kann ich um drei zu _____ kommen?

   ○ Ja, das geht.

5. ● Wo ist eigentlich Mario? Hast du _____ gesehen?

   ○ Er ist zu Ailina gegangen. Er hat mit _____ telefoniert.

6. ● Sandra und Sabine, der Chef will mit _____ sprechen.

   ○ Mit _____? Was will _____ denn von _____?

   ● Keine Ahnung! Das dürft i_____ m_____ nicht fragen.

33 Pronomen im Text

1 Wer ist wer? Ergänzen Sie die passenden Namen.

Victor (V) und Maria (M) sind zu einer Hochzeit eingeladen. Victor braucht einen Anzug. Sie sind in der Stadt zum Einkaufen. Ihre Freundin Anne ist auch mitgekommen.

Anne: Ich zeige euch (___V/M___) ein neues Geschäft. Da findet ihr (_____) bestimmt etwas.

Verkäuferin: Guten Tag, kann ich Ihnen (_____) helfen?

Victor: Ja, können Sie mir (_____) einen blauen Anzug zeigen? Größe 48.

Anne: Komm, Maria, wir suchen ihm (_____) eine schöne Krawatte aus.

Hier, die passt gut zu ihm (_____), eine Farbe wie seine Augen!

Maria: Mir (_____) gefällt sie aber nicht. Sie passt nicht zu meinem Abendkleid.

Verkäuferin: Gefällt Ihnen (_____) der Anzug?

Victor: Maria, wie gefalle ich dir (_____)?

Maria: Na ja, ich weiß nicht. Wie findest du den Anzug, Anne?

Anne: Hm, den Anzug? Etwas eng am Bauch.

Victor. Die Hochzeit ist erst in vier Wochen. Zwei Kilo weniger und dann passt er mir (_____).

Verkäuferin: Ich finde, die Farbe steht Ihnen (_____) sehr gut.

Maria: Aber sie passt nicht zu meinem Kleid.

Maria: Komm, Victor, wir stellen uns (_____) zusammen vor den Spiegel.

Ich finde, das Blau macht dich (_____) alt. Und ich sehe neben dir (_____) auch nicht gut aus.

Victor: Anne, wie findest du sie (_____)? Ich finde, Maria sieht super neben mir aus!

Anne: Mein Gott!! Warum bin ich nur mit euch (_____) mitgekommen? Ich gehe jetzt einen Kaffee trinken. Treffen wir uns (_____) in einer Stunde im „Talex", o.k.?

Maria: Du kannst mich (_____) jetzt nicht alleine lassen.

Anne: Doch. Ich muss etwas trinken.

Verkäuferin: Kann ich Ihnen (_____) vielleicht auch einen Kaffee anbieten?

Das sind Präpositionen:	für, aus, an, in

Präpositionen haben einen Kasus:

für + Akkusativ	Ich suche ein Buch für mein**en** Sohn.
aus + Dativ	Nimm das Buch aus de**m** Regal.
an + Dativ	Wir machen immer a**m** (an de**m**) Meer Ferien.
an + Akkusativ	Wir fahren meistens an**s** (an da**s**) Mittelmeer.

Immer mit Akkusativ	für, ohne
Immer mit Dativ	ab, aus, bei, mit, nach, seit, zu, von, von ... bis (lokal)
Dativ oder Akkusativ	an, auf, in, vor

Die wichtigsten Präpositionen mit Dativ können Sie sich so merken:

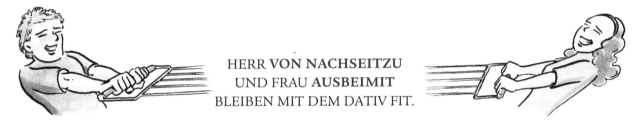

HERR **VON NACHSEITZU**
UND FRAU **AUSBEIMIT**
BLEIBEN MIT DEM DATIV FIT.

1 Welche Präposition passt? Markieren Sie.

Ausbildung und Beruf

1. Ich arbeite von/seit/aus drei Jahren bei/zu/vor der Firma Peymann & Söhne.
2. Ab/Von/Aus Februar habe ich Urlaub. Ich will nach/in/vor Norddeutschland fahren.
3. Von/Seit/Ab 1990 seit/bis/ab 1996 war ich in der Grundschule.
4. Nach/Zu/Aus meiner Ausbildung als Elektriker habe ich bei/ab/vor der Firma Elektrolax gearbeitet.
5. Kommst du nach/seit/bei der Arbeit noch mit ein Bier trinken?
6. Ich arbeite jede Woche seit/von Montag bis/zu Freitag.
7. Ich fange morgens um/bei sieben Uhr an und arbeite bis/von 16 Uhr.
8. Herr Kufur, können Sie morgen bitte schon ab/seit/von sechs Uhr arbeiten? Herr Beil ist krank.

Verkehr

9. ● Wie komme ich beim/zum/aus Berliner Platz? ○ Fahren Sie mit/ab/vor der Linie 22.
10. ● Wo finde ich das Rathaus? ○ Das ist in/aus/bei der Hauptstraße Nr. 86.
11. ● Ich muss bei/zu/nach Dresden, wie komme ich dahin? ○ Fahr doch aus/mit/seit der Bahn.
12. Ab/Bis/In Montag, dem 23. Mai, gibt es einen neuen Fahrplan.
13. Die Gartenstraße geht zum/vom/am Bebelplatz vor den/bis zum/nach dem Rathausplatz.
14. Ich fahre immer für/ohne/nach Auto in die Stadt, meistens ohne/mit/ab dem Fahrrad.
15. ● Ich suche die Post. ○ Gehen Sie bis zur /in die /von der Kreuzung und dann rechts.
16. Am Wochenende möchten wir zu/bei/nach Hamburg fahren.

35 Präpositionen: temporal (Zeit)

Temporal	Sie fragen: Wann? – Wie lange? – Seit wann? – Bis wann? – Um wie viel Uhr?

Auf dem Niveau A1 müssen Sie diese Präpositionen können:

Dativ

an/am	Wir beginnen unseren Kurs am 1. März.
ab	Ab dem 20. Juli bin ich in Ferien.
in/im	Im Sommer machen wir unser Kursfest.
nach	Nach meiner Lehre habe ich drei Monate Urlaub gemacht.
seit	Ich lebe jetzt seit 12 Monaten in Deutschland.
von ... bis	Vom elften Juni bis zum dritten Juli muss ich jeden Tag arbeiten.
vor	Vor dem Unterricht können wir noch eine Pizza essen gehen.
zu/zum	Viele Deutsche essen zum Frühstück gerne Toastbrot mit Marmelade.

Akkusativ

bis	Schreiben Sie bitte bis nächsten Montag Ihren Lebenslauf als Tabelle.
für	2005 war ich für einen Monat in der Schweiz und habe dort ein Praktikum gemacht.
über	Ich habe über eine Stunde für den Lebenslauf gebraucht.
um	Der Film beginnt um 20 Uhr 15 und ist erst um 23 Uhr zu Ende.

1 Lesen Sie die Beispiele oben und ergänzen Sie dann die Präpositionen. Jede Präposition kommt einmal vor.

1. Ich muss heute __*ab*__ 20 Uhr 15 fernsehen. Es kommt ein Krimi.

2. Kannst du mir die CD _____ Montag geben? Ich finde die Musik super.

3. Gestern habe ich beim Arzt _____ zwei Stunden gewartet.

4. Im Juli fahre ich _____ drei Wochen zu meinen Eltern nach Polen.

5. Ich trinke _____ Abendessen gerne ein Bier.

6. Der Kurs geht _____ Januar _____ Juli.

7. Kommst du _____ dem Unterricht zu mir? Dann gehen wir zusammen hin.

8. Ich mag Deutschland _____ Sommer. Der Winter ist mir zu kalt.

9 Wir sind _____ dem 21. Juli in Urlaub.

10. Die Nachrichten gehen von 8 Uhr bis Viertel _____ 8.

11. Ich lerne _____ drei Monaten Deutsch. Es geht schon ganz gut.

12. Ich bin _____ 29. Februar 1984 geboren.

Lokal	Sie fragen: Wo? (Ort ●) Wohin? Woher? (Richtung →)	

Auf dem Niveau A1 müssen Sie diese Präpositionen können:

Dativ

an	Das Fahrrad steht **an** der Haltestelle.	●
auf	Das Essen steht **auf** dem Tisch	●
aus	Birsen kommt **aus** der Türkei.	→
bei/beim	Wir essen heute **bei** unseren Freunden.	●
hinter	Der Park ist gleich **hinter** dem Haus.	●
in/im	Wir machen ein Picknick **im** Park.	●
nach	Der Zug fährt **nach** Berlin.	→
neben	Ich parke mein Auto **neben** der Apotheke.	●
unter	Das Buch liegt **unter** der Zeitung.	●
über	Die Lampe hängt **über** dem Tisch.	●
vor	Wir treffen uns heute Abend **vor** dem Kino.	●
zu/zum/zur	Ich gehe heute Nachmittag **zu** meiner Freundin.	→
zwischen	**Zwischen** Köln und Bonn fährt eine S-Bahn.	●

Modal	**Sie fragen: Wie? Woraus? Womit? ...**

Dativ

aus	Der Tisch ist **aus** Plastik.
mit	Er fährt immer **mit** dem Fahrrad.

1 Welche Präposition passt? Ergänzen Sie die Sätze mit Präpositionen aus dem Kasten oben.

1. Hannover liegt _zwischen_ Köln und Berlin.

2. Klaus kommt jeden Tag _____ der Straßenbahn zur Arbeit.

3. Erhan ist umgezogen. Er wohnt jetzt _____ Familie Meyer.

4. Nach dem Unterricht gehen wir sofort _____ Hause.

5. Meine Schuhe sind _____ Plastik und Stoff.

6. ● Möchtest du Kaffee _____ Milch und Zucker?

   ○ Keinen Zucker, bitte. Ich trinke den Kaffee nur _____ Milch.

7. _____ der Goethestraße und dem Rathaus fährt heute keine Straßenbahn.

8. Wohnst du i_____ der Stadt oder a_____ dem Land?

9. Ich finde mein Wörterbuch nicht. Liegt es _____ dem Schreibtisch?

10. Das Foto ist wunderschön. Es hängt direkt _____ meinem Bett.

11. ● Treffen wir uns a_____ der Haltestelle oder v_____ der Post?

    ○ Nein, wir treffen uns gleich _____ dem Kino.

2 **Präpositionen mit Dativ:** *Wo?* – Ordnen Sie die Bilder a–h den Ziffern 1–8 zu.

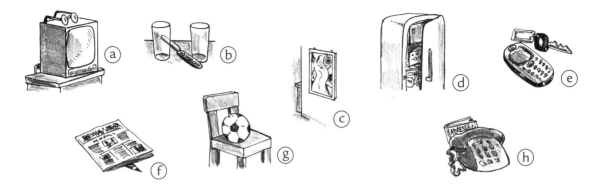

1. _____ Auf dem Fernseher!

2. _____ An der Wand!

3. _____ Zwischen den Gläsern!

4. _____ Auf dem Stuhl!

5. _____ Im Kühlschrank!

6. _____ Unter der Zeitung!

7. _____ Hinter dem Telefon!

8. _____ Neben meinem Handy!

3 *Wo ist /sind ...?* – Welche Präposition passt? Markieren Sie.

● Herbert! Wo sind die Schlüssel?

○ Schatz, wie immer! Sie liegen
immer in/auf dem Tisch, vor/neben
der Tür.

● Da sind sie nicht immer! Gestern waren
sie an/in deiner Tasche.

● Mama! Wo sind meine Strümpfe?

○ Hast du schon am/im Bad gesucht?
Oder unter/zwischen dem Stuhl?

● Nein, aber – ah – hier sind sie! Sie waren
über/unter dem Bett!

● Wo ist meine neue CD? Gestern war sie
noch im/vor dem CD-Player.

○ Vielleicht im Regal in/zwischen deinen
anderen CDs. Oder sie liegt über/neben
dem Telefon?

● Ah, ich weiß es! Sie ist noch im/am
Computer.

37 Präpositionen: Ort (Dativ) oder Richtung (Akkusativ): Wechselpräpositionen

Auf dem Niveau A1 müssen Sie diese Wechselpräpositionen können:

Dativ

an   Das Fahrrad **steht am** (an dem) Baum.   **Wo steht** das Fahrrad?

auf   Das Buch **liegt auf** dem Tisch.   **Wo liegt** das Buch?

in   Rafik **ist im** (in dem) Kino.   **Wo ist** er?

Akkusativ

an   Sie **stellt** das Fahrrad **an** den Baum.   **Wohin stellt** sie das Fahrrad?

auf   Er **legt** das Buch **auf** den Tisch.   **Wohin legt** er das Buch?

in   Rafik **geht ins** (in das) Kino.   **Wohin geht** er?

Den Tisch decken

1 **Ergänzen Sie.**

Was hat Marcia gemacht?   Was ist jetzt?

1. Marcia hat die Serviette i⎯ d⎯ Glas getan.   Die Serviette ist _im Glas_ .

2. Sie hat die Stühle a⎯ d⎯ Tisch gestellt.   Die Stühle stehen ⎯⎯⎯⎯⎯⎯⎯ .

3. Sie hat die Speisekarte a⎯ d⎯ Tisch gelegt.   Die Speisekarte liegt ⎯⎯⎯⎯⎯⎯⎯ .

4. Sie hat Blumen i⎯ d⎯ Vase gestellt.   Die Blumen stehen ⎯⎯⎯⎯⎯⎯⎯ .

Ordnung machen

2 **Fragen – Ergänzen Sie die richtigen Artikel.**

1. Hast du deine Hemden in ⎯⎯⎯⎯ Schrank gelegt?

2. Sind deine Schuhe i⎯⎯⎯⎯ Schrank?

3. ● Hast du die Bücher i⎯⎯⎯⎯ Regal gestellt?

   ○ Nein, sie liegen auf ⎯⎯⎯⎯ Tisch.

4. Deine Schuhe liegen noch i⎯⎯⎯⎯ Bad.

   Stell sie bitte in ⎯⎯⎯⎯ Schuhschrank.

5. Hast du die Zeitung auf ⎯⎯⎯⎯ Bett gelegt?

   Leg sie bitte i⎯⎯⎯⎯ Regal.

38 Zusammenfassung: Artikelwörter, Pronomen, Präpositionen

1 *Welch-* und *dies-* – Ergänzen Sie die Endungen.

1. ● Welch_____ Kuchen möchtest du? Dies_____ ist mit Bananen und dies_____ mit Äpfeln.
   ○ Ich nehme den Apfelkuchen.

2. ● Welchen Pullover findest du schöner? ○ Dies_____ ist super.

3. ● Welch_____ Lampe hast du gekauft? ○ Dies_____, die passt gut zum Sofa.

4. ● Dies_____ Fahrräder sind alle sehr gut. ○ Welch_____ kaufst du?

5. ● Welch_____ Bus fährt zum Bahnhof? ○ Dies_____ hier, die Nummer 3.

6. ● Dies_____ Text verstehe ich nicht. ○ Wieso? Welch_____ Wörter verstehst du nicht?

7. ● Verstehst du dies_____ Übungen? ○ Welch_____ Übungen meinst du?

8. ● Warum willst du weg aus Berlin? ○ Dies_____ Stadt ist mir viel zu groß!

9. ● Welch_____ Wohnung habt ihr genommen? ○ Die mit dem Balkon.

10. ● Welch_____ Formular muss ich ausfüllen? ○ Dies_____ hier.

11. ● Welch_____ Farbe passt besser zu mir? Blau oder grün? ○ Blau.

12. ● Haben Sie dieses Kleid auch in meiner Größe? ○ Welch_____ Größe haben Sie denn?

2 Possessivartikel – Ergänzen Sie.

1. ● Macht ihr e_ure_____ Party im Garten?
   ○ Ja klar. Das Wetter ist doch super.

2. ● Sebastian, sind d_____ Geschwister am Wochenende auch da?
   ○ Peter kommt, aber m_____ Schwester nicht. I_____ Tochter ist krank.

3. ● Können wir u_____ Hunde mitbringen?
   ○ Lieber nicht, m_____ Sohn hat eine Allergie.

4. ● Wie geht es d_____ Eltern?
   ○ Es geht. M_____ Vater kann nicht gut laufen. Er hatte einen Unfall.

5. ● Habt ihr noch e_____ altes Auto?
   ○ Das fährt jetzt u_____ Tochter. Sie hat gerade i_____ Führerschein gemacht.

6. ● Was macht d_____ Arbeit? Ist d_____ Kollege immer noch krank?
   ○ Ja, ich muss m_____ und s_____ Arbeit machen.

7. ● Wie heißt d_____ Tochter?
   ○ Natalie, sie ist 18.
   ● U_____ Tochter ist jetzt schon 20! Sie ist bald mit i_____ Ausbildung fertig.

3 Ergänzen Sie: *alle, viele, wenig.*

1. _____ Kursteilnehmer haben den Test bestanden, das sind 100%!

2. In diesem Jahr haben wir _____ Teilnehmer. Wir brauchen noch eine Lehrerin.

3. Ich weiß _____ über China. Ich muss mich informieren.

4. Kommen heute _____ zum Fest oder haben sich welche abgemeldet?

5. _____ Teilnehmer lernen zu _____, aber _____ wollen den Test bestehen.

6. ● Haben Sie alles verstanden?

   ○ Nein, nur _____.

7. ● Kommen _____ zu unserer Kursparty?

   ○ Nicht _____, aber _____. Ein paar sind nicht da.

8. ● Magst du deutsches Bier?

   ○ Schon, aber ich trinke nur _____.

4 Ergänzen Sie: *alles, etwas, nichts, viel, welche, welches.*

1. ● Ist das _____ oder möchten

   Sie noch _____ trinken?

   ○ Nein danke, das ist _____.

   Ich möchte dann zahlen, bitte.

2. ● Hast du heute schon _____ gegessen?

   ○ Ich mache eine Diät. Heute esse ich _____,

   aber ich muss _____ trinken. Mindestens

   drei Liter Wasser pro Tag.

3. ● Kannst du mir bitte noch _____ Brot geben?

   ○ Hier, bitte.

4. ● Haben wir noch Milch im Kühlschrank?

   ○ Nein, wir müssen _____ kaufen.

5. ● Darf ich noch ein Brötchen essen?

   ○ Natürlich, _____ möchtest du? Das helle oder das dunkle?

6. Peter kann _____ essen, aber er wird nicht dick!

7. ● Möchten Sie noch _____ Wein?

   ○ Nein, danke, ich trinke Wasser. Ich muss noch Auto fahren.

8. ● Habt ihr schon _____ für die Party organisiert?

   ○ Nein! Noch gar _____ ist organisiert. Kannst du uns helfen?

5 Ergänzen Sie die Personalpronomen.

1. ● Wie geht es dir?

   ○ Danke, _____ geht es super.

2. ● Wo ist Peter?

   ○ Vor einer halben Stunde war _____ in der Cafeteria, danach habe ich _____ nicht mehr

   gesehen.

3. ● Hallo Sebastian, hallo Luise. _____ kommt etwas spät.

   ○ Tut uns leid, wir haben _____ nicht gesehen. Aber jetzt sind wir ja zusammen.

   Was machen _____ jetzt? Gehen wir etwas essen?

4. ● Hallo Pablo, hast _____ heute Abend Zeit? Ich muss _____ treffen! Ich habe ein Problem.

   ○ O.k. ich komme um 8 Uhr zu _____ .

5. ● Sabine hat eine neues Auto. Hast du _____ schon gesehen?

   ○ Ja, _____ steht vor der Tür!

6. ● Wo ist Frau Schmieder?

   ○ Vielleicht im Büro, möchten Sie _____ anrufen?

7. ● Georg, kannst _____ heute die Kinder abholen?

   ○ Nein, _____ habe keine Zeit, aber Frau Merkan kann _____ nach Hause bringen.

8. ● Wem gehört das Wörterbuch?

   ○ _____ . Ich habe es gestern hier vergessen.

6 Markieren Sie die richtigen Präpositionen.

1. Vor/Bei dem Unterricht trifft sich Senem mit/zu Ayhan in/auf der Cafeteria.
2. Frau Belhaus bleibt heute Abend zu/im Hause.
3. Familie Mayer wohnt über/in einer Wohnung von/in der City.
4. Klaus lebt vor/seit einem Jahr in England.
5. Maria hat nach/vor einer Stunde angerufen, sie wartet zwischen/im Park auf dich.
6. Wir machen seit/im Sommer Urlaub und fahren nach/in die Türkei.
7. Von/Zwischen Hannover nach/seit Berlin? Das dauert nur 90 Minuten auf/mit dem ICE!

7 Wechselpräpositionen *an, auf, in* – Was passt? Markieren Sie.

1. Ich habe 20 Minuten an der/die Haltestelle auf dich gewartet.
2. Ich möchte am Sonntag im/ins Konzert gehen. Kommst du mit?
3. Deine Brille liegt auf dem/den Tisch.
4. Stell die Butter bitte wieder in dem/den Kühlschrank.

1 Lesen Sie den Text. Welches Wort (a, b oder c) passt in die Lücken 1–15?

Jetzt senden | Später senden | Als Entwurf speichern | Anlagen hinzufügen | Signatur ▾ | Optionen ▾

Von: s.burmester@web.de
An: klauslidel@gmx.de
Cc:
BCc:
Betreff: Umzug
Anlagen: *keine*

Standardschriftart ▾ Textgrad ▾ | **F** *I* U T | ≡ ≡ ≡ | ≡ ≡ ≡ ≡ | A ▾ ✎ ▾

Lieber Klaus,

jetzt sind wir fast fertig, nur die Waschmaschine (1)——— noch nicht.
Kannst du morgen kommen und (2)——— dir ansehen? Vielleicht kannst
(3)——— sie ja reparieren, sie ist erst 8 Jahre alt und das ist für
eine „Miele" nicht alt. Die Waschmaschine von meinen Eltern ist schon 16
Jahre alt und (4)——— super. Ich weiß, du bist eigentlich Automechaniker, (5)——— eine Waschmaschine ist ja fast so ähnlich … sie
hat auch (6)——— Tür und ein Fenster, ein Rad und ein paar Lampen …
Das Zimmer von Bernd ist wunderschön. Wir haben noch einmal alles umge-
stellt. Zuerst war der Schreibtisch (7)——— dem Bett. Jetzt ist der
Schrank direkt neben der Tür und der Schreibtisch (8)——— dem Fenster.
Da ist mehr Licht und Bernd kann auch mal (9)——— den Garten sehen …
und nicht nur auf (10)——— Computer! Das Bett ist eigentlich etwas
groß, aber es ist praktisch für Gäste. Manchmal bleiben meine Eltern ein
paar Tage bei uns und dann können (11)——— dort gut schlafen.
Am Wochenende (12)——— wir eine Party machen. Wir haben alle Freunde
und die Nachbarn (13)———. Im Haus wohnen 6 Familien. 10 Erwachsene
und 7 Kinder, ab August 8 Kinder! Hoffentlich ist das Wetter gut,
(14)——— dann können wir im Garten grillen.
Bitte (15)——— mich heute Abend an! Sehen wir uns morgen?
Liebe Grüße und vielen Dank!
Sabine

---

1. a laufe
   b läuft
   c lauft

2. a es
   b die
   c sie

3. a dich
   b du
   c dir

4. a funktioniert
   b funktioniere
   c funktionieren

5. a und
   b aber
   c dann

6. a eine
   b einen
   c ein

7. a zwischen
   b über
   c neben

8. a unter
   b auf
   c in

9. a vor
   b an
   c in

10. a der
    b den
    c das

11. a sie
    b Sie
    c wir

12. a wollt
    b will
    c wollen

13. a einladen
    b laden ein
    c eingeladen

14. a denn
    b und
    c aber

15. a rufen
    b ruf
    c ruft

2 Ein Brief – Schreiben Sie.

Sprachkurs

1. hat / 14 Teilnehmer / unser Sprachkurs / lieber Tom
2. aus acht verschiedenen Ländern / kommen / wir
3. sprechen / und / 12 Sprachen / wir
4. von 9 bis 13 Uhr / der Kurs / geht
5. Am Nachmittag / kann / am Computer / man / lernen
6. viele Lerntipps / wir / bekommen
7. „nach einer halben Stunde / machen Sie / eine Pause!"
8. Oder: „ perfekt machen / Sie / nicht alles / müssen!"
9. Um 10 Uhr 30 / wir / machen / eine Pause
10. dann / es / Kaffee, Tee und Sandwichs / gibt
11. organisieren / ein Kursfest / wir / nächste Woche
12. wir / schreiben / zuerst / einen Test / aber

   Viele Grüße, deine Maria.

> Lieber Tom,
> unser Sprachkurs hat 14

3 Welches Wort passt? Schreiben Sie die Ziffern in den Dialog.

Krankheit

1. möchte	5. hast	8. musst	11. dir
2. nicht	6. es	9. zu	12. du
3. im	7. Warst	10. ihren	13. ist
4. frag			

● Hallo, Sebastian, warum bist du _____ im Kurs?

○ Hallo, Peter, ich bin krank und liege _____ Bett.

● Was _____ du?

○ Fieber und Kopfschmerzen.

● Wie hoch _____ das Fieber?

○ Heute Morgen war _____ 39,2.

● Das ist hoch! _____ du schon beim Arzt?

○ Nein, ich _____ nur liegen und schlafen.

● Du _____ viel trinken. Kommt Monica heute _____ dir?

○ Nein, sie ist bei _____ Eltern.

● Dann komme ich zu _____ und bringe dir Obst und Säfte. Brauchst _____ Medikamente?

○ Ja, bitte _____ in der Apotheke. Ich brauche etwas gegen das Fieber.

4 Im Text sind 10 Fehler – Markieren Sie sie und notieren Sie die richtigen Textpassagen.

Lieber Olivier,

wann besuchst mich du (1) endlich in Hamburg? Ich wohne jetzt schon über drei Monate hier und habe noch nicht so viele Kontakte. Das ist schwer von (2) einer fremden Stadt. Meine Arbeit macht mir viel Spaß und sind (3) die Kollegen sehr nett. Ich bin jeden Tag bis 16 Uhr in die (4) Firma. Und dann? In den ersten Wochen habe ich meinen Stadtteil kennen gelernt: Wo kann man günstig kaufen ein (5)? Wie sind die S-Bahn- und Busverbindungen? Gibt (6) ein Fitnessstudio in der Nähe? Fünf Minuten von meiner Wohnung entfernt ist ein Park, da ich jogge (7) jetzt immer nach der Arbeit. Eine gemütliche Kneipe habe ich auch schon findet (8), aber meistens bin ich in meiner Freizeit alleine und freue (9) auf meine Arbeit am nächsten Tag.

Bitte kommen (10) bald!

Deine Anna

1. *besuchst du mich*   6. _____

2. _____   7. _____

3. _____   8. _____

4. _____   9. _____

5. _____   10. _____

5 Welches Wort passt? Schreiben Sie die Ziffern in den Text.

1. zum   5. wir   9. für

2. das   6. im   10. an

3. bis   7. etwas   11. Deine

4. auf   8. beim   12. das

Hallo, Sabine,

ich habe erst einen Termin [a] ____ Arzt und dann gehe ich [b] ____ Friseur. Ich bin erst um 18 Uhr wieder zu Hause. Kannst du bitte [c] ____ Supermarkt einkaufen? Wir brauchen Milch, Brot, Käse und Butter [d] ____ das Frühstück. Du kannst [e] ____ Auto benutzen. Es steht [f] ____ dem Parkplatz [g] ____ der Schule. Die Schlüssel liegen auf meinem Schreibtisch. Haben [h] ____ noch genug Mineralwasser? Vielleicht fehlt noch [i] ____? Kannst du auch [j] ____ Abendessen vorbereiten?

Danke! [k] ____ heute Abend!

[l] ____ Petra

D   Anhang

40 Wortbildung

1 Nomen und Artikel

Personen mit dem Suffix **-er** sind maskulin.

-er	männliche Person	der Teilnehm**er**, der Arbeit**er**, der Ausländ**er**
	Beruf	der Bäck**er**, der Mechanik**er**
	Nationalität	der Italien**er**, der Engländ**er**

Personen mit dem Suffix **-in** sind feminin.

-in	weibliche Person	die Teilnehmer**in**, die Arbeiter**in**
	Beruf	die Lehrer**in**
	Nationalität	die Italiener**in**

Nomen mit dem Suffix **-ung** sind feminin.

| -ung | die Wohn**ung**, die Prüf**ung**, die Rechn**ung** |

2 Komposita: Nomen und Adjektive

Das Grundwort steht immer am Wortende: Kinder**zimmer**, Wohn**zimmer**
Das Bestimmungswort gibt zusätzliche Informationen zum Grundwort: **Kinder**zimmer, **Wohn**zimmer
Bei Nomen hat das Kompositum immer den gleichen Artikel wie das Grundwort: **das** Kinder**zimmer**

	Bestimmungswort		Grundwort	Kompositum
Nomen + Nomen	die Reise	+	**das** Büro	**das** Reisebüro
Verb + Nomen	wohnen	+	**das** Zimmer	**das** Wohnzimmer
Adjektiv + Adjektiv	hell	+	blau	hellblau

gleiches Bestimmungswort

| die Reise + das Büro | das Reisebüro |
| die Reise + der Führer | der Reiseführer |

gleiches Grundwort

| die Frauen + der Arzt | der Frauenarzt |
| die Augen + der Arzt | der Augenarzt |

3 Adjektive: Vor- und Nachsilben

un-	**un**bekannt, **un**möglich, **un**gesund	Es ist nicht bekannt/möglich/gesund.
-los	arbeits**los**	Jemand hat keine Arbeit.
-bar	erreich**bar**	Man kann etwas erreichen.
-ig/-lich	richt**ig**, lust**ig**/pünkt**lich**, freund**lich**	So ist eine Person oder Sache.

Kardinalzahlen

1	eins	13	**drei**zehn	60	sechzig
2	zwei	14	vierzehn	70	siebzig
3	drei	15	fünfzehn	80	achtzig
4	vier	16	**sech**zehn	90	neunzig
5	fünf	17	**sieb**zehn	100	(ein)hundert
6	sechs	18	achtzehn	101	(ein)hundert(und)eins
7	sieben	19	neunzehn	200	zweihundert
8	acht	20	zwanzig	213	zweihundertdreizehn
9	neun	21	**ein**und**zwanzig**	1 000	(ein)tausend
10	zehn	30	dreißig	1 00 000	(ein)hunderttausend
11	elf	40	vierzig	1 000 000	eine Million (-en)
12	zwölf	50	fünfzig	1 000 000 000	eine Milliarde (-en)

Ordinalzahlen

1.	(der/das/die) erste …	11.	elfte	30.	dreißigste
2.	zweite	12.	zwölfte	40.	vierzigste
3.	dritte	13.	dreizehnte	50.	fünfzigste
4.	vierte	14.	vierzehnte	60.	sechzigste
5.	fünfte	15.	fünfzehnte	70.	siebzigste
6.	sechste	16.	sechzehnte	80.	achtzigste
7.	siebte	17.	siebzehnte	90.	neunzigste
8.	achte	18.	achtzehnte	100.	hundertste
9.	neunte	19.	neunzehnte	900.	neunhundertste
10.	zehnte	20.	zwanzigste	1 000.	tausendste

Zeiten

Stunde und Uhrzeiten

Tag und Tageszeiten	
die Uhr, -en	der Tag, -e	täglich
die Uhrzeit, -en	der Morgen, -	morgens
die Stunde, -n	der Vormittag, -e	vormittags
die Viertelstunde, -n	der Mittag, -e	mittags
die Minute, -n	der Nachmittag, -e	nachmittags
die Sekunde, -n	der Abend, -e	abends
	die Nacht, "-e	nachts
	die Mitternacht, "-e	mitternachts

Monat, Woche und Wochentage

der Monat, -e	monatlich	der Montag, -e	montags
die Woche, -n	wöchentlich	der Dienstag, -e	dienstags
		der Mittwoch, -e	mittwochs
		der Donnerstag, -e	donnerstags
		der Freitag, -e	freitags
		der Samstag/Sonnabend, -e	samstags/sonnabends
		der Sonntag -e	sonntags

Wann besuchst du mich?

Am Sonntag

Monate und Datum

Januar	Juli
Februar	August
März	September
April	Oktober
Mai	November
Juni	Dezember

● Wann sind Sie geboren?
○ Am 31. Oktober 1980.

● Wann hast du Urlaub?
○ Im Juli.
● Wann genau?
○ Vom 1. Juli bis zum 20.

Die Uhrzeiten im Alltag

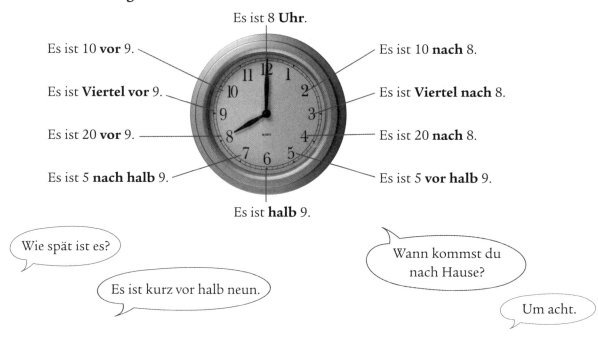

Es ist 8 **Uhr**.

Es ist 10 **vor** 9.

Es ist **Viertel vor** 9.

Es ist 20 **vor** 9.

Es ist 5 **nach halb** 9.

Es ist 10 **nach** 8.

Es ist **Viertel nach** 8.

Es ist 20 **nach** 8.

Es ist 5 **vor halb** 9.

Es ist **halb** 9.

Wie spät ist es?

Es ist kurz vor halb neun.

Wann kommst du nach Hause?

Um acht.

Die offiziellen Uhrzeiten – die 24-Stunden-Uhr

Nacht/Morgen/Vormittag (0 Uhr bis 12 Uhr)

Es ist 1 Uhr.
Es ist 1.05 Uhr. (ein Uhr fünf)
Es ist 6.15 Uhr. (sechs Uhr fünfzehn)
Es ist 10.30 Uhr. (zehn Uhr dreißig)

Nachmittag/Abend/Nacht (12 Uhr bis 24 Uhr)

Es ist 13 Uhr.
Es ist 13.05 Uhr. (dreizehn Uhr fünf)
Es ist 18.15 Uhr. (achtzehn Uhr fünfzehn)
Es ist 22.30 Uhr. (zweiundzwanzig Uhr dreißig)

Maße und Gewichte

Zentimeter, der, –	cm	1 km = 1000 m
Meter, der, –	m	1 m = 100 cm
Kilometer, der, –	km	
Quadratmeter, der, –	qm/m²	Gramm, das, – g
Kilogramm, das, –	kg	1 kg = 1000 g
Liter, der, –	l	
Stundenkilometer, der, –	km/h	

abfahren	er/sie fährt ab	**ist** abgefahren	_____
abfliegen	er/sie fliegt ab	**ist** abgeflogen	_____
abgeben	er/sie gibt ab	hat abgegeben	_____
anbieten	er/sie bietet an	hat angeboten	_____
anfangen	er/sie fängt an	hat angefangen	_____
ankommen	er/sie kommt an	**ist** angekommen	_____
anrufen	er/sie ruft an	hat angerufen	_____
aufstehen	er/sie steht auf	**ist** aufgestanden	_____
aussteigen	er/sie steigt aus	**ist** ausgestiegen	_____
beginnen	er/sie beginnt	hat begonnen	_____
bekommen	er/sie bekommt	hat bekommen	_____
bitten	er/sie bittet	hat gebeten	_____
bleiben	er/sie bleibt	**ist** geblieben	_____
brauchen	er/sie braucht	hat gebraucht/brauchen	_____
bringen	er/sie bringt	hat gebracht	_____
denken	er/sie denkt	hat gedacht	_____
dran sein	er/sie ist dran	**ist** dran gewesen	_____
dürfen	er/sie darf	hat gedurft/dürfen	_____
einladen	er/sie lädt ein	hat eingeladen	_____
einsteigen	er/sie steigt ein	**ist** eingestiegen	_____
empfehlen	er/sie empfiehlt	hat empfohlen	_____
essen	er/sie isst	hat gegessen	_____
fahren	er/sie fährt	**ist** gefahren	_____
finden	er/sie findet	hat gefunden	_____
fliegen	er/sie fliegt	**ist** geflogen	_____
geben	er/sie gibt	hat gegeben	_____
gefallen	er/sie gefällt	hat gefallen	_____
gehen	er/sie geht	**ist** gegangen	_____
haben	er/sie hat	hat gehabt	_____
halten	er/sie hält	hat gehalten	_____
heißen	er/sie heißt	hat geheißen	_____
helfen	er/sie hilft	hat geholfen	_____

kennen	er/sie kennt	hat gekannt	_____
kommen	er/sie kommt	**ist** gekommen	_____
können	er/sie kann	hat gekonnt/können	_____
laufen	er/sie läuft	**ist** gelaufen	_____
liegen	er/sie liegt	hat gelegen	_____
mitbringen	er/sie bringt mit	hat mitgebracht	_____
mitkommen	er/sie kommt mit	**ist** mitgekommen	_____
mitnehmen	er/sie nimmt mit	hat mitgenommen	_____
möcht–	er/sie möchte	hat gemocht	_____
mögen	er/sie mag	hat gemocht	_____
müssen	er/sie muss	hat gemusst/müssen	_____
nehmen	er/sie nimmt	hat genommen	_____
riechen	er/sie riecht	hat gerochen	_____
schlafen	er/sie schläft	hat geschlafen	_____
schreiben	er/sie schreibt	hat geschrieben	_____
sehen	er/sie sieht	hat gesehen	_____
sein	er/sie ist	**ist** gewesen	_____
sitzen	er/sie sitzt	hat gesessen	_____
sollen	er/sie soll	hat gesollt/sollen	_____
sprechen	er/sie spricht	hat gesprochen	_____
stehen	er/sie steht	hat gestanden	_____
treffen (sich)	er/sie trifft	hat getroffen	_____
trinken	er/sie trinkt	hat getrunken	_____
übertragen	er/sie überträgt	hat übertragen	_____
überweisen	er/sie überweist	hat überwiesen	_____
umziehen	er/sie zieht um	**ist** umgezogen	_____
unterschreiben	er/sie unterschreibt	hat unterschrieben	_____
verstehen	er/sie versteht	hat verstanden	_____
vorlesen	er/sie liest vor	hat vorgelesen	_____
waschen (sich)	er/sie wäscht	hat gewaschen	_____
werden	er/sie wird	**ist** geworden	_____
wiedersehen	er/sie sieht wieder	hat wiedergesehen	_____
wissen	er/sie weiß	hat gewusst	_____
wollen	er/sie will	hat gewollt/wollen	_____

B Sätze

1 Aussagesätze

1 2h – 3a – 4b – 5c – 6g – 7e – 8f

2 2. Er ist Programmierer. 3. Er schreibt Programme für die Buchhaltung. 4. Er schwimmt gern und er liest gern. 5. Er fährt im Winter gern Ski. 6. Im Urlaub fährt er nach Kenia. 7. Dort besucht er seine Familie. 8. Er mag das Land und die Leute sehr.

2 W-Fragen

1 2h – 3j – 4a – 5b – 6i – 7e – 8f – 9g – 10c

2a 2. Was 3. Wann 4. Wer 5. wie viel 6. Woher (Wann) 7. Wo 8. Wohin (Wann) 9. Woher 10. Wie viel (Was)

2b (mögliche Lösungen)
1. Ich heiße Teresa. 2. Ich besuche meine Familie. 3. Nein, vielleicht morgen. 4. Ich verstehe die Aufgabe auch nicht. 5. Um 20 Uhr 30. 6. Aus der Türkei. 7. Vielleicht auf dem Flohmarkt. 8. Zum Bahnhof. 9. Aus Brasilien. 10. 2 Euro das Kilo.

3 2. Wo wohnt deine Schwester? 3. Wie alt ist dein Vater? 4. Woher/Wann kommt deine Familie? 5. Wo/Was/Wann arbeitest du? 6. Was machst du am Sonntag? 7. Wann/Um wie viel Uhr besuchst du deine Familie? 8. Wie viele Geschwister hast du?

3b (mögliche Lösungen)
1. Er heißt Hosni. 2. Sie wohnt in Berlin. 3. Er ist 55. 4. Wir kommen aus Afghanistan. 5. Ich arbeite in einer Werkstatt. 6. Vielleicht fahre ich nach Salzburg. 7. Ich besuche sie in den Sommerferien. 8. Ich habe einen Bruder und zwei Schwestern.

3 Ja/Nein-Fragen

1 Zur Person: Sie-Form
2. Sind Sie 35 Jahre alt? 3. Wohnen Sie in Frankfurt? 4. Ist Ihre Telefonnummer 81237? 5. Lernen Sie Deutsch? 6. Kommen Sie aus Ungarn? 7. Gehen Sie gern ins Theater? 8. Lesen Sie gern?

Zur Person: Du-Form
2. Lernst du jeden Tag? 3. Besuchst du oft deine Familie? 4. Spielst du ein Musikinstrument? 5. Liest du gern?

2 2. Wohnst du in Köln ? / Wohnen Sie in Köln? 3. Ist deine Telefonnummer 678913? / Ist Ihre Telefonnummer 678913? 4. Bist du verheiratet? / Sind Sie verheiratet? 5. Kommst du aus China? / Kommen Sie aus China? 6. Spielst du Tennis? / Spielen Sie Tennis? 7. Kochst du gern? / Kochen Sie gern? 8. Hast du morgen Zeit? / Haben Sie morgen Zeit?

3 2. Haben Sie Eier? 3. Was kosten die Kartoffeln? 4. Woher kommen die Hühner? 5. Ist der Käse aus Frankreich? 6. Wo finde ich Brot? 7. Kann ich den Käse probieren? 8. Sind die Äpfel aus Deutschland? 9. Wann bekommen Sie neue Kartoffeln? 10. Woher sind die Tomaten?

4 Imperativsätze

1 2. Lesen Sie bitte den Text. 3. Ruft bitte im Rathaus an. 4. Lernen Sie bitte die Wörter. 5. Hilf mir bitte. 6. Kommt morgen bitte zu mir. 7. Gib mir bitte den Kuli. 8. Lernt bitte bis morgen die Wörter.

2 2 A/R - 3 R - 4 B/A - 5 R - 6 A/R - 7 R - 8 A

3 Arbeit: Sie-Form
1. Kommen Sie morgen um 8 Uhr. 2. Fahren Sie bitte in die Heugasse 25. 3. Rufen Sie bitte die Firma Butz an. 4. Kommen Sie bitte um 11 Uhr zum Chef. 5. Füllen Sie das Formular aus. 6. Bringen Sie bitte Ihre Lohnsteuerkarte mit. 7. Überweisen Sie das Geld auf mein Konto.

Arbeit: Du-Form
2. Hilf mir bitte mit dem Formular. 3. Übersetz bitte den Brief für mich. 4. Komm bitte in die Werkstatt mit. 5. Unterschreib bitte das Formular. 6. Geh bitte mit dem Kollegen zum Arzt.

4 2. Mach – aus 3. leg 4. Mach – an 5. Ruf – an

5 Zusammenfassung: Fragesätze, Aussagesätze, Imperativsätze

1 ● Setzen ● Wie ○ Ich ● Wie ○ bin ● Kommen ○ Nein ● Leben/Sind/Wohnen ○ Ich ● Sind ● Haben ○ Er ● Haben ○ Ich ● Wohnen ○ Nein ● Wo ○ Haben ● brauchen ○ Wie ○ Bekommt ○ verdienen, Kann ● Arbeiten ● Füllen – aus, rufen – an, Haben ● kann/werde ○ Vielen, Wiedersehen

6 Die Satzklammer bei trennbaren Verben

1 Trennbar sind: einkaufen – anmachen – mitbringen – einsteigen – mitkommen – umziehen – aufschreiben – (sich) vorstellen – zuordnen – zuhören – zumachen

2 2. Kaufst du auch noch etwas Wurst ein? 3. Bring mir bitte ein Kilo Äpfel mit! 4. Ich rufe dich heute Abend an. 5. Mach bitte das Licht an! 6. Mach bitte das Fenster zu! 7. Wir ziehen im Mai um. 8. Hören Sie bitte genau zu! 9. Ordnen Sie bitte die Sätze zu. 10. Schreibst du das Beispiel auf.

7 Die Satzklammer bei Modalverben

1 1. Ich muss am Wochenende oft arbeiten. / Am Wochenende muss ich oft arbeiten. 2. Wann kannst du mich besuchen? 3. Darf ich Sie heute Abend anrufen? 4. Wir wollen in den Ferien nach Berlin fahren. / In den Ferien wollen wir nach Berlin fahren. 5. Sie müssen Ihre Arbeit pünktlich anfangen! 6. Bei Gleitzeit können Sie zwischen 7 und 9 anfangen. / Sie können bei Gleitzeit zwischen 7 und 9 anfangen. 7. Sara will ab Mai nur noch 20 Stunden arbeiten. / Ab Mai will Sara nur noch 20 Stunden arbeiten. 8. Darf ich morgen eine Stunde später kommen?

2 Verben an der falschen Stelle: müssen arbeiten – ist – wollen arbeiten – kann – gibt

In Deutschland müssen die meisten Arbeitnehmer und Arbeitnehmerinnen zwischen 35 und 40 Stunden arbeiten. Das ist eine Vollzeitstelle. Man kann aber auch Teilzeit arbeiten. Viele Menschen wollen nicht die ganze Woche arbeiten. Sie arbeiten dann vielleicht nur an drei Tagen. In anderen Berufen kann man vor allem im Sommer viel arbeiten und darf dann im Winter zu Hause bleiben oder nach Mallorca fliegen. Viele Menschen wollen auch mehr arbeiten, aber es gibt nicht genug Arbeitsplätze.

8 Satzklammer beim Perfekt

1 2. Gestern bin ich um 6 Uhr 15 aufgestanden. 3. Gestern habe ich von halb 7 bis 7 gefrühstückt. 4. Gestern habe ich den Bus um Viertel nach 7 genommen. 5. Gestern bin ich um Viertel vor 8 in der Sprachschule angekommen. 6. Gestern hat der Unterricht auch um 9 begonnen. 7. Gestern habe ich eine Stunde gewartet. 8. Gestern habe ich mich geärgert.

9 Zusammenfassung: Satzklammer bei trennbaren Verben, Modalverben und beim Perfekt

1 2b – 3a – 4g – 5d – 6c – 7e – 8h

2 2. Hast du gestern die Formulare ausgefüllt? 3. Ich will morgen einen Tag frei nehmen. 4. Können Sie bitte im Rathaus anrufen? 5. Am Mittwochnachmittag ist das Rathaus zu. 6. Wie lange haben Sie als Sekretärin gearbeitet? 7. Ich muss mit dem Chef über meinen Urlaub sprechen. 8. Hast du in diesem Jahr schon Urlaub gehabt?

10 Verneinung mit *nicht*

1 2. Hamburg liegt nicht an der Nordsee. Es liegt an der Elbe, ungefähr 100 km von der Nordsee weg. 3. Das deutsche Geld heißt nicht Mark. Es heißt Euro. 4. München ist nicht die Hauptstadt von Sachsen. Es ist die Hauptstadt von Bayern. Die Hauptstadt von Sachsen ist Dresden. 5. Man darf nicht auf allen Autobahnen 200 Stundenkilometer fahren. Oft darf man nur 120 bis 130 km/h fahren. 6. Der Bodensee liegt nicht in Norddeutschland. Er liegt in Süddeutschland.

2 2. Ich X habe X das Buch <u>nicht</u> gelesen. 3. Rafik X hat X seinen Kuli <u>nicht</u> gefunden X. 4. Maria und Sebastian X treffen X sich <u>nicht</u> im Café. 5. Erhan X hat X das Auto <u>nicht</u> repariert. 6. Samira X will X das Formular <u>nicht</u> unterschreiben. 7. Das Fest X beginnt <u>nicht</u> um 19 Uhr. 8. Bitte schließen Sie X die Tür <u>nicht</u> ab.

11 Verneinung mit *kein/keine*

1 2. Nein, ich habe keine Monatskarte für die Straßenbahn. 3. Nein, ich habe dir keine Blumen mitgebracht. 4. Nein ich habe mir

keinen Rock gekauft. 5. Nein, ich will kein Eis. 6. Nein, ich mag keine Pommes frites. 7. Nein, ich mag keine Tomaten. 8. Nein, ich habe keine Freunde in Berlin. 9. Nein, ich spreche kein Chinesisch. 10. Nein, ich verstehe kein Bairisch. 11. Nein, ich lese keine Romane auf Deutsch. 12. Nein, ich schreibe dir keine Postkarte aus den Ferien.

12 Zusammenfassung: *nicht, kein*

1 1. ○ nicht 2. ● nicht ○ keine 3. ● nicht ○ keinen 4. ● nicht ○ keine 5. ● keine ○ nicht 6. ● keine ○ keine

2 2. Ich wohne nicht in Mainz. 3. Ich habe kein Mobiltelefon. 4. Herr Paulsen ist nicht da. 5. Er hat von 10 bis 12 Uhr keine Zeit. 6. Sie können Prof. Bunk heute nicht sprechen. 7. Er hat heute keine Sprechstunde. 8. Morgen ist er nicht da.

13 Fragen mit *nicht* oder *kein* – Antworten mit *ja, nein* oder *doch*

1 2. ● Magst du Bratwurst? ○ Nein, ich esse kein Schweinefleisch. 3. ● Essen Sie nicht gern Schweinebraten? ○ Nein, ich esse nur vegetarisch. 4. ● Kauft ihr noch Wurst und Käse ein? ○ Ja, wir gehen nachher zum Supermarkt. 5. ● Esst ihr nicht gern Pizza? ○ Doch, aber nur Pizza mit Salami. 6. ● Mögen Sie keine Currywurst? ○ Nein, ich esse kein Fleisch. 7. ● Kommt ihr nicht mit zum Essen? ○ Nein, wir müssen noch lernen. 8. ● Trinkst du keinen Wein? ○ Doch, manchmal trinke ich Weißwein. / Doch, ich trinke manchmal Weißwein. 9. ● Essen Sie am Mittag nicht? ○ Doch, ich esse meistens einen Apfel. 10. ● Isst du abends warm? ○ Ja, ich koche gern.

14 Satzverbindungen mit *und, oder, aber, denn*

1 1. und 2. oder/aber 3. aber 4. aber 5. denn 6. denn

2 1. Ich habe eine neue Stelle, aber ich kann erst in zwei Monaten anfangen. 2. Die Stelle wird frei, denn eine Kollegin bekommt ein Kind. 3. Morgens um 7 Uhr müssen Sie im Betrieb sein und Ihre Arbeitszeit geht bis 16 Uhr. 4. Im April können Sie nicht in Urlaub gehen, denn wir brauchen alle Arbeitskräfte. 5. Bei Gleitzeit können Sie morgens um 7 anfangen oder Sie können erst um 9 kommen.

15 Verben und Ergänzungen

1

	Subjekt	Verb	Nominativ	Akkusativ	temporal	lokal
2.	Frau Goll	möchte		einen Rock.		
3.	Hosni	kommt				aus Tunesien.
4.	Unser Lehrer	heißt	Herr Lehmann.			
5.	Wir	nehmen		Currywurst und Pommes.		
6.	Erhan	bezahlt		die Rechnung.		
7.	Die Straßenbahn	kommt			um 12 Uhr 53.	

2

	Verb	Subjekt	Verb	Nominativ	Akkusativ	lokal/temporal
1.	Möchtest	du			ein Brötchen?	
2.		Ich	habe		ein Problem.	
3.	Geht	ihr				in den Park?
4.		Mein Arzt	heißt	Dr. Schubert.		
5.		Tom	holt		die Bücher.	
6.		Der 1. Mai	ist	ein Sonntag.		

3

	Subjekt	Verb/Verbteil	Akkusativ	Dativ	lokal/temporal	Verb/Verbteil
1.	Maria	hat	einen Kaffee			getrunken.
2.	Lucia	schreibt	die Adresse			auf.
3.	Der Kurs	fängt			um 9 Uhr	an.
4.	Mustafa	kommt			aus Tanger.	
5.	Der Mantel	gehört		Hosni.		
6.	Der Park	hat			um 21 Uhr	zugemacht.

C Wörter

16 Verben – Konjugation im Präsens (regelmäßig)

1 3. ich 4. wir/Sie/sie 5. ich 6. du 7. du 8. du 9. du 10. er/es/sie/ihr 11. ich 12. wir/Sie/sie 13. wir/sie/Sie 14. er/es/sie/ihr 15. ich 16. wir/Sie/sie 17. er/es/sie/ihr 18. du 19. wir/Sie/sie 20. ich 21. du 22. wir/Sie/sie 23. er/es/sie/ihr 24. ich 25. ich 26. ich 27. wir/sie/Sie 28. er/es/sie/ihr

2 Der Kurs beginnt
1. ● wohnst ○ wohne 2. ● heißen ○ heiße ● buchstabieren 3. ● kommt ○ kommen 4. ● macht ○ möchten

Im Supermarkt
1. ● finde ○ Gehen 2. ● Brauchen ○ brauche 3. ● suchst ○ suche ● steht ○ findest 4. ● kostet ○ kosten

Am Morgen zu Hause
1. ● machst, Kochst, duschst ○ dusche, koche, hole, bringe, mache 2. ● gehen ○ beginnt, kommen, geht 3. ● Frühstückt ○ frühstücken, trinkt, frühstückt, braucht

3 Essen und trinken
1. besuche 2. ● empfiehlst ○ schmeckt 3. ● mache ○ koche 4. Probiert 5. kochen

Im Kaufhaus
1. kostet 2. kaufe 3. kauft 4. arbeiten 5. braucht 6. Stellen 7. suchen 8. bezahlen

Im Internetcafe
1. Benutzen 2. schreibe 3. Legen 4. Erklären 5. suche, arbeitet 6. schließen 7. benutzen 8. glaube, ist

17 Verben – Konjugation im Präsens mit Vokalwechsel (unregelmäßig)

1

du	er/es/sie	wir	ihr	sie/Sie
fährst	fährt	fahren	fahrt	fahren
isst	isst	essen	esst	essen
gibst	gibt	geben	gebt	geben
hilfst	hilft	helfen	helft	helfen
liest	liest	lesen	lest	lesen
nimmst	nimmt	nehmen	nehmt	nehmen
schläfst	schläft	schlafen	schlaft	schlafen
siehst	sieht	sehen	seht	sehen
sprichst	spricht	sprechen	sprecht	sprechen
trägst	trägt	tragen	tragt	tragen
wäschst	wäscht	waschen	wascht	waschen

2 2. Sie vergisst immer ihre Hausaufgaben. 3. Fährt Paul zur Arbeit? 4. Schläfst du in der Mittagspause? 5. Hält der Bus am Jahnplatz? 6. Er isst Brot und Schinken. 7. Gib mir bitte den Salat. 8. Der Kellner empfiehlt das Menü.

3 2. empfehlt 3. nimmst 4. wäschst 5. liest 6. Schläfst 7. sprichst 8. Läufst

4 1. ● sprechen, verstehe ○ machen 2. ● Sprichst ○ spreche 3. ● Nehmt ○ nehme 4. ● Schlaft ○ schläft, schlafe 5. ● triffst ○ kommt 6. ● empfehlen ○ gibt 7. ● macht ○ sieht, lese, kommen, spielen

5 1. Suchst 2. Liest 3. Hilft 4. heißt 5. besuchen 6. Mietet 7. hilf 8. tragt 9. ● triffst ○ weiß, kommen 10. beginnt, gibt

6 ist - arbeitet - macht - fährt - findet - ist - lernt - erzählen - gibt - gibt - fährt - liest - hört - fährt - trifft - beginnt - fährt - ist - weckt - macht - bringt - kommt - steht - erzählt - hilft - arbeitet - wandern - schwimmen - liest - kocht - macht

18 sein und haben im Präsens

1 Persönliche Informationen
1. ● Bist ○ bin 2. ● Seid ○ sind 3. Ist 4. ● seid ○ sind 5. ● bist ○ bin 6. ● Sind ○ bin 7. ● ist ○ ist, ist

Im Kaufhaus
1. ist 2. sind 3. ist 4. sind 5. ist 6. sind 7. sind 8. ist 9. Ist 10. Sind

2 1. ● habe ○ haben 2. Haben 3. ● Hast ○ habe 4. ● Habt ○ haben 5. ● Hast ○ habe 6. ● hat ○ hat

3 Ich bin immer müde, morgens ist mir schlecht, manchmal habe ich Hunger auf ein Marmeladebrot mit Senf … bin ich vielleicht schwanger?
Klaus hat Husten und Schnupfen, sein Kopf ist heiß, er hat Fieber, vielleicht hat er Grippe?

Wohnungssuche
1. haben 2. ist, ist 3. hat 4. hat 6. ist 7. ist 8. ist, Sind 9. ist, sind

19 Verben mit Präfix: trennbare Verben

1 2. Wie lange sehen eure Kinder abends fern? 3. Der Zug kommt um 18 Uhr 32 in Bochum an. 4. Der Film fängt um 20 Uhr 15 an. 5. Herr Pohl holt seine Kinder von der Schule ab. 6. Mein Urlaub fängt am 17. Juli an. 7. Sonntags stehe ich gern spät auf. 8. Manchmal kaufe ich auch am Kiosk ein. 9. Wie siehst du denn aus? 10. Frau Balzer steht immer um 6 Uhr 30 auf. 11. Klaus macht im Kino sein Handy aus. 12. Hosni ruft jede Woche seine Mutter an.

2 2. Sabine hat angerufen und dann war ich wach. 3. Ich bin aufgestanden. 4. Ich habe mich angezogen. 5. Ich bin um 6 Uhr weggegangen. 6. Ich bin um 6 Uhr 30 angekommen. 7. Niemand hat mir aufgemacht. / Mir hat niemand aufgemacht. 8. Der Chef ist um 8 Uhr angekommen. / Um 8 Uhr ist der Chef angekommen. 9. Ich habe um 16 Uhr mit der Arbeit aufgehört. / Um 16 Uhr habe ich mit der Arbeit aufgehört. 10. Ich bin mit dem Bus

zurückgefahren. 11. Ich habe mich hingelegt. 12. Heute habe ich ausgeschlafen.

3 [T] ankommen, [0] bestellen, [0] entschuldigen, [0] gefallen, [0] vermieten, [0] besuchen, [T] mitbringen, [0] erklären, [0] gehören, [T] wegfahren, [T] aufstehen, [0] besichtigen, [0] erlauben, [T] einsteigen, [0] verstehen, [T] anrufen, [T] einladen, [T] mitkommen, [0] verkaufen, [0] wiederholen, [0] bekommen, [0] bezahlen, [T] ankreuzen, [T] fernsehen, [T] abschreiben

4 Computerkurs
2. Die Teilnehmer machen die Computer an. 3. Die Kursleiterin erklärt das Programm. 4. Die Teilnehmer melden sich im Netz an. 5. Sie füllen Formulare aus. 6. Die Kursleiterin übersetzt den Text. 7. Die Teilnehmer wiederholen die Übung. 8. Die Teilnehmer schreiben Texte ab. 9. Sie bearbeiten Texte. 10. Die Texte sehen gut aus. 11. Die Teilnehmer schalten die Computer aus. 12. Die Kursleiterin schließt den Computerraum ab.

Persönliche Fragen
2. Kaufst du gern ein? Kaufen Sie gern ein? 3. Gehst du gern spazieren? Gehen Sie gern spazieren? 4. Besuchst du gern die Familie? Besuchen Sie gern die Familie? 5. Rufst du gern Freunde an? Rufen Sie gern Freunde an? 6. Lädst du gern die Freundin ein? Laden Sie gern die Freundin ein? 7. Siehst du abends gern fern? Sehen Sie abends gern fern? 8. Besichtigst du gern fremde Städte? Besichtigen Sie gern fremde Städte? 9. Fährst du im Urlaub gern weg? Fahren Sie im Urlaub gern weg? 10. Bezahlst du gern Rechnungen? Bezahlen Sie gern Rechnungen?

20 Modalverben im Präsens

1 2. Möchtest 3. Kannst 4. müsst 5. Dürfen 6. kann, will 7. Können, muss 8. muss, Wollt 9. Soll, können

21 Modalverben: Bedeutung

1 1. muss 2. kann/muss 3. müsst 4. Möchtet 5. Kannst 6. muss 7. muss/kann 8. können/müssen 9. Möchtest/Willst 10. Darf/Kann 11. soll 12. möchte 13. darf/soll 14. Darf

2 1. ● Möchtet/Wollt ■ möchte 2. Soll 3. Darf/Soll 4. Möchtet/Wollt, müssen 5. ● Wollt/Möchtet ○ müssen, muss

22 Vergangenheit: Perfekt

1
geantwortet	antworten	verkauft	verkaufen
fern**ge**sehen	fernsehen	erklärt	erklären
aus**ge**füllt	ausfüllen	studiert	studieren
gelernt	lernen	benutzt	benutzen
gekommen	kommen	verstanden	verstehen
gefahren	fahren	bezahlt	bezahlen
gekauft	kaufen	telefoniert	telefonieren
geholt	holen	verdient	verdienen
geschrieben	schreiben	vermietet	vermieten
ab**ge**fahren	abfahren	überwiesen	überweisen
gearbeitet	arbeiten	bestellt	bestellen
gelesen	lesen	unterschrieben	unterschreiben
mit**ge**bracht	mitbringen	an**ge**rufen	anrufen

2 2. Wo haben Sie das Brot gekauft? 3. Was hat das Gemüse gekostet? 4. Wo hast du gearbeitet? 5. Wo hast du Deutsch gelernt? 6. Hast du mitgeschrieben? 7. Haben Sie ein Wörterbuch benutzt? 8. Haben Sie Ihr Auto verkauft? 9. Hast du das Buch ganz gelesen? 10. Ich habe das Formular unterschrieben. 11. Ich habe mit meiner Mutter telefoniert. 12. Ich habe meinen Vater angerufen.

13. Anna hat mir das Buch gegeben. 14. Ich habe mit ihm gesprochen.

3 2. Ich bin zehn Kilometer gelaufen. 3. Roland ist weggegangen. 4. Das Flugzeug ist abgeflogen. 5. Ich bin um 6 Uhr aufgestanden. 6. Ich bin bis 20 Uhr in der Firma geblieben. 7. Ich bin in Frankfurt ausgestiegen. 8. Sandra ist nach Warschau gefahren. 9. Ist ihr Freund auch mitgekommen? 10. Ich bin am Samstagabend weggegangen. 11. Tina ist um 16 Uhr angekommen. 12. Wann ist euer Bus abgefahren? 13. Ich bin um 10 Uhr angekommen. 14. Maria und Carlos sind umgezogen.

4 1. ● hast ○ bin 2. ● seid ○ hat 3. ● haben ○ habe 4. ● seid ○ sind 5. ● Hast ○ bin 6. ● haben ○ bin

5 1. bin - aufgestanden 2. bin - gegangen 3. habe geduscht. 4. hat - gefrühstückt 5. sind - gegangen 6. hat - hingebracht 7. ist - gefahren 8. habe - gelesen 9. habe - eingekauft 10. habe - angemacht 11. habe - gecheckt 12. habe - gekocht 13. sind - gekommen 14. haben - gegessen 15. hat - gemacht 16. hat - telefoniert 17. bin - geblieben

23 Vergangenheit: Präteritum von *haben* und *sein*

1 1. Ich hatte keine Zeit. 2. Wo war Herr Fischer? 3. War er im Deutschkurs? 4. Nein, er hatte einen Termin beim Arzt. 5. War Tina heute da? 6. Ja, sie hatte eine Besprechung mit Dr. Müller.

2 ● Der Unterricht ist langweilig und ich bin müde und die Testaufgaben sind zu schwer. ○ Wie viele Fehler hast du denn? ● Zu viele! Ich habe 20 Fehler. ○ Und Maria? Ist Maria im Kurs? ● Nein, deshalb ist es ja so langweilig! ○ Wo ist sie? ● Sie ist zu Hause. Sie hat Bauchschmerzen. Am Nachmittag ist sie beim Arzt.

24 Imperativ

1 2. Lern / Lernen Sie / Lernt nicht zu viel auf einmal. 3. Mach / Machen Sie / Macht öfter kleine Pausen. 4. Lern / Lernen Sie / Lernt mit einer Partnerin. 5. Üb(e) / Üben Sie / Übt gemeinsam Dialoge. 6. Sprich / Sprechen Sie / Sprecht Texte laut. 7. Wiederhol(e) / Wiederholen Sie / Wiederholt regelmäßig. 8. Lern / Lernen Sie / Lernt zu Hause selbstständig weiter. 9. Hör / Hören Sie / Hört viel Radio. 10. Lies / Lesen Sie / Lest viel Deutsch.

Anweisungen
12. Schreiben Sie bitte den Brief an Frau Throm. 13. Räumen Sie bitte das Büro auf. 14. Kommen Sie bitte zum Chef. 15. Helfen Sie bitte der neuen Kollegin. 16. Machen Sie bitte das Licht an. 17. Machen Sie bitte den Computer aus. 18. Drucken Sie bitte die E-Mails aus.

25 Zusammenfassung: Verbformen

1 1a – 2b – 3b – 4a – 5b – 6a – 7b – 8b – 9a – 10b – 11a – 12b – 13b – 14a – 15a – 16b – 17a – 18a – 19b – 20b – 21a – 22b – 23b – 24a – 25b – 26a – 27a – 28b – 29b – 30b – 31b – 32b – 33a

2 a ist – hat – kann – gehen – entschuldigen

b muss – weggehen – hat angerufen – hatte – liegt – Kannst – geben – komme

c war – geht – arbeiten – haben – wollen – fliegen – besuchen – Seid – Wisst – habe – geschrieben – hat – geantwortet – muss – aufhören – kommen

26 Grammatik in Texten: Das Verb steht im Zentrum

Text 1
ist – bin – wohne – bin – habe – heißt – ist – heißt – ist – ist – arbeitet – lebe – komme – wohnen – ist

Text 2
Mein Name ist Rolf Mischnik. Ich bin 30 Jahre alt. Ich wohne/lebe mit meiner Familie in Kaiserslautern. Meine Frau heißt Olga. Sie kommt/ist aus der Ukraine. Sie lebt/wohnt/ist seit 12 Jahren in Deutschland. Ihre Eltern wohnen/leben in Pirmasens und meine (wohnen) in Mannheim. Ich arbeite als Schreiner in einer Umzugsfirma.

Text 3
Ich heiße/bin Sarah Blomberg und bin 45 Jahre alt. Ich arbeite seit zwei Jahren bei SAP in Walldorf. Ich bin Informatikerin von Beruf. Ich komme/bin aus Schottland, aus Glasgow. Seit einigen Monaten habe ich einen Freund. Er wohnt/lebt in Heidelberg und arbeitet dort in der Universitätsklinik. Er ist Krankenpfleger.

27 Nomen und Artikel – Numerus: Singular und Plural

1 das Haus, die Häuser – die Wohnung, die Wohnungen – die Miete, die Mieten – das Schlafzimmer, die Schlafzimmer – das Bett, die Betten – die Küche, die Küchen – der Kühlschrank, die Kühlschränke – der Herd, die Herde – das Bad, die Bäder – die Dusche, die Duschen – der Balkon, die Balkone – der Garten, die Gärten

das Bein, die Beine – das Auge, die Augen – das Haar, die Haare – der Bauch, die Bäuche – die Hand, die Hände – der Fuß, die Füße – der Arm, die Arme – der Kopf, die Köpfe – das Fieber

die Bluse, die Blusen – die Hose, die Hosen – der Rock, die Röcke – die Jacke, die Jacken – der Pullover, die Pullover – der Mantel, die Mäntel

die Ankunft, die Ankünfte – die Abfahrt, die Abfahrten – die Auskunft, die Auskünfte – die Fahrkarte, die Fahrkarten – die Durchsage, die Durchsagen – der Bahnhof, die Bahnhöfe – der Bahnsteig, die Bahnsteige – der Eingang, die Eingänge – der Ausgang, die Ausgänge – der Aufenthalt, die Aufenthalte – das Gepäck, (die Gepäckstücke) – der Automat, die Automaten – der Ausflug, die Ausflüge

die Blume, die Blumen – der Baum, die Bäume

der Anfang, die Anfänge – das Ende, (die Enden)

die Bäckerei, die Bäckereien – das Geschäft, die Geschäfte – der Supermarkt, die Supermärkte – das Café, die Cafés – das Restaurant, die Restaurants

der Job, die Jobs – die Arbeit, die Arbeiten – der Arbeiter, die Arbeiter – der Arbeitsplatz, die Arbeitsplätze – der Beruf, die Berufe

der Morgen, die Morgen – der Mittag, die Mittage – der Abend, die Abende – der Tag, die Tage – die Nacht, die Nächte

die Kasse, die Kassen – das Geld, (die Gelder) – das Konto, die Kontos

das Mittagessen, die Mittagessen – der Fisch, die Fische – das Fleisch, – das Gemüse, die Gemüse – die Kartoffel, die Kartoffeln

das Hobby, die Hobbys - das Glück, – die Hilfe, – die Ausstellung, die Ausstellungen – das Bild, die Bilder – der Film, die Filme – die Karte, die Karten – der Eintritt, die Eintritte

der Absender, die Absender – der Empfänger, die Empfänger – das Datum, – die Adresse, die Adressen – die Einladung, die Einladungen – der Glückwunsch, die Glückwünsche – der Dank, – der Brief, die Briefe – die Briefmarke, die Briefmarken – der Briefkasten, die Briefkästen

das Frühstück, – das Ei, die Eier – die Butter, – das Brot, die Brote – das Brötchen, die Brötchen – der Kaffee

die Firma, die Firmen – das Angebot, die Angebote –die Antwort, die Antworten – der Kunde, die Kunden

das Internet, – der Computer, die Computer – der Bleistift, die Bleistifte – das Papier, die Papiere – das Telefon, die Telefone – der Anruf, die Anrufe – das Handy, die Handys

das Hotel, die Hotels – die Anmeldung, die Anmeldungen – die Information, die Informationen – der Ausweis, die Ausweise – der Gast, die Gäste – die Gruppe, die Gruppen

der Hunger, – der Durst, – das Getränk, die Getränke – die Flasche, die Flaschen – das Glas, die Gläser

das Obst, – der Apfel, die Äpfel – die Banane, die Bananen – die Birne, die Birnen

der Geburtstag, die Geburtstage – die Feier, die Feiern – das Geschenk, die Geschenke – das Buch, die Bücher

die Heimat, – das Dorf, die Dörfer – die Stadt, die Städte

28 Nomen und Artikel - Kasus: Nominativ und Akkusativ

2 1. Ich möchte einen Fahrschein / einen Apfel und vier Tomaten. 2. Trinkst du morgens immer eine Tasse Kaffee? 3. Wir besuchen morgen das Heidelberger Schloss. 4. Vermieten Sie die Wohnung auch möbliert? 5. Wann machen Sie den Laden auf? 6. Mein Freund liest abends immer die Zeitung und ab und zu ein Buch. 7. Schneiden Sie den Käse in kleine Stücke. 8. Wir brauchen noch einen Fahrschein / einen Apfel und vier Tomaten.

3 1. die, die 2. der, einen 3. das, das 4. der, einen 5. die, eine 6. das, ein 7. der, einen 8. das, das 9. der, einen 10. das, das

4 1. ein, das 2. die 3. einen 4. den, die 5. einen 6. einen, eine 7. die 8. einen 9. einen 10. ein 11. einen 12. ein 13. einen 14. ein 15. den

29 Artikelwörter (1): *dieser, dieses, diese – welcher, welches, welche*

1 1. ● Welcher ○ diesen 2. ● Welchen ○ diesen 3. ● Dieser ○ Welche 4. ● welche ○ Dieser 5. ● Welchen ○ Dieser 6. ● Welcher, dieser ○ Dieser 7. ● Welche ○ diesen

30 Artikelwörter (2): *kein, mein/dein ...*

1 Ihre Wohnung H+A – Ihre Wohnung H+A – ihre Eltern H – unserer neuen Wohnung H+A – deine Eltern A – eure neue Telefonnummer H+A – unser Telefon H+A – meine Handynummer A – eure Waschmaschine H+A – unsere Waschmaschine H+A – seine Hose A

Familie
1. Meine - Unsere - Unser - Seine - seinen - Unsere - ihre
2. ● deine/Ihre ○ Meine, mein 3. ● deinen ○ Meinen
4. ● Ihre ○ ihre 5. ● seine ○ ihren

In der Firma
1. ● dein ○ Mein 2. ● Unsere ○ Eure ● Unser 3. ○ meinen
4. ○ meine 5. ihren 6. ● seinen ● sein, ihre

31 Indefinita: *alle, viele, man*

1 2. Viele 3. nichts 4. Viele 5. etwas, man 6. viel 7. man 8. welche

2 2. In Deutschland sind viele Menschen arbeitslos und bekommen
nur wenig Hilfe. 3. Alle Jugendlichen müssen in Deutschland in
die Schule gehen. 4. Ohne Ausbildung sind die Jobs schlecht.
Man muss viel arbeiten und man verdient wenig. 5. Viele Schüler
arbeiten und verdienen etwas Geld.

32 Personalpronomen

1 1. ○ mir, Ihnen ● mir 2. ● dir, mir 3. ● euch ○ uns ● ihr, sie
4. ● Sie ○ Sie, mir ● Ihnen 5. ● ihn ○ ihr 6. ● euch ○ uns, er,
uns ● ihr, mich

33 Pronomen im Text

ihr (V/M) – Ihnen (V/M/A) – mir (V) – ihm (V) – ihm (V) – Mir (M) –
Ihnen (V) – dir (M) – mir (V) – Ihnen (V) – uns (M/V) – dich (V) – dir
(V) – sie (M) – euch (V/M) – uns (V/M/A) – mich (M) – Ihnen (A oder
V/M/A)

34 Präpositionen und Kasus

1 1. seit, bei 2. Ab, nach 3. Von, bis 4. Nach, bei 5. nach 6. von,
bis 7. um, bis 8. ab 9. ● zum ○ mit 10. in 11. ● nach ○ mit
12. Ab 13. vom, bis 14. ohne, mit 15. bis zur 16. nach

35 Präpositionen: temporal (Zeit)

1 1. um/ab/bis 2. am 3. über 4. für 5. zum 6. von – bis 7. vor
8. im 9. ab 10. nach 11. seit 12. am

36 Präpositionen: lokal (Ort) und modal (Art und Weise)

1 2. mit 3. bei 4. nach 5. aus 6. ● mit ○ mit 7. Zwischen
8. in, auf 9. auf 10. über 11. ● an, vor, ○ vor

2 1a, 2c, 3b, 4g, 5d, 6f, 7h, 8e

3 ○ auf, neben ● in
○ im, unter ● unter
● im ○ zwischen, neben ● im

37 Präpositionen: Ort (Dativ) oder Richtung (Akkusativ): Wechselpräpositionen

1 1. in das Glas - im Glas 2. an den Tisch - am Tisch 3. auf den
Tisch - auf dem Tisch 4. in die Vase - in der Vase

2 1. den 2. im 3. ● ins ○ dem 4. im, den 5. das, ins

38 Zusammenfassung: Artikelwörter, Pronomen, Präpositionen

1 1. ● Welchen, Dieser, dieser 2. Dieser 3. ● Welche ○ Diese
4. ● Diese ○ Welches/Welche 5. ● Welcher ○ Dieser
6. ● Diesen ○ Welche 7. ● diese ○ Welche 8. Diese 9. Welche
10. ● Welches ○ Dieses 11. Welche 12. Welche

2 2. ● deine ○ meine, Ihre 3. ● unsere ○ mein 4. ● deinen
○ Mein 5. ● euer ○ unsere, ihren 6. ● deine, dein ○ meine,
seine 7. ● deine ● Unsere, ihrer

3 1. Alle 2. viele 3. wenig 4. alle 5. Viele, wenig, alle 6. wenig
7. ● alle ○ alle, viele 8. wenig

4 1. ● alles, etwas ○ alles 2. ● etwas ○ nichts, viel 3. etwas
4. welche 5. welches 6. viel/alles 7. etwas 8. ● etwas/viel/alles
○ nichts

5 1. mir 2. er, ihn 3. ● Ihr ○ euch, wir 4. ● du, dich ○ dir 5. ● es
○ es 6. sie 7. ● du ○ ich, sie 8. Mir

6 1. mit, in 2. zu 3. in, in 4. seit 5. vor, im 6. im, in 7. Von, nach,
mit

7 1. an der 2. ins 3. auf dem 4. in den

39 Grammatiktraining A1 – Zusammenfassung

1 1b – 2c – 3b – 4a – 5b – 6a – 7c – 8a – 9c – 10b – 11a – 12c – 13c –
14a – 15b

2 1. Lieber Tom, unser Sprachkurs hat 14 Teilnehmer. 2. Wir
kommen aus acht verschiedenen Ländern. 3. Und wir sprechen
12 Sprachen. 4. Der Kurs geht von 9.00 bis 13.00 Uhr. 5. Am
Nachmittag kann man am Computer lernen. 6. Wir bekommen
viele Lerntipps. 7. "Machen Sie nach einer halben Stunde eine
Pause!" 8. Oder: "Sie müssen nicht alles perfekt machen!"
9. Um 10.30 Uhr machen wir eine Pause. 10. Dann gibt es Kaffee,
Tee und Sandwichs. 11. Nächste Woche organisieren wir ein
Kursfest, 12. aber zuerst schreiben wir einen Test. Viele Grüße,
deine Maria.

3 2 – 3 – 5 – 13 – 6 – 7 – 1 – 8 – 9 – 10 – 11 – 12 – 4

4 Wann besuchst mich du (1) endlich in Hamburg? Das ist schwer
von (2) einer fremden Stadt. Meine Arbeit macht mir viel Spaß
und sind (3) die Kollegen sehr nett. Ich bin jeden Tag bis 16 Uhr
in die (4) Firma. In den ersten Wochen habe ich meinen Stadtteil kennen gelernt: Wo kann man günstig kaufen ein (5)? Gibt
(6) ein Fitnessstudio in der Nähe? Fünf Minuten von meiner
Wohnung entfernt ist ein Park, da ich jogge (7) jetzt immer nach
der Arbeit. Eine gemütliche Kneipe habe ich auch schon findet
(8), aber meistens bin ich in meiner Freizeit alleine und freue (9)
auf meine Arbeit am nächsten Tag. Bitte kommen (10) bald!
1. besuchst du mich 2. in einer fremden Stadt 3. und die Kollegen
sind sehr nett 4. in der Firma 5. In den ersten Wochen habe ich
... günstig einkaufen 6. Gibt es 7. da jogge ich 8. gefunden
9. und freue mich auf 10. komm

5 a8 – b1 – c6 – d9 – e2/12 – f4 – g10 – h5 – i7 – j2/12 – k3 – l11